【新版】

斎藤公子の保育論

斎藤公子［著］
井尻正二［きき手］

築地書館

復刊にあたって
——斎藤公子先生の保育思想を学ぶ意味

私は、斎藤公子先生の保育理論と保育思想を学ぶとき、それを支えているものはいったい何なのかを考えることが大切だと思っています。もちろん斎藤先生が保育について何をどのように語っているのかを知ることは非常に重要ですが、それと併せて斎藤先生の言葉の背後にある保育思想の源泉を学ぶことが重要だということです。その源泉を知ることによって、保育について斎藤先生が語る言葉の意味が一層深く理解できると思うからです。

斎藤先生の保育理論と保育思想の源泉としてこれは欠かせないと私が考えているものについて、本書を読まれる皆さんにここで三点に絞って述べておきたいと思います。

その第一は、すべての人間の自由、平等と平和な世界を追求するヒューマニズムの精神であり、それが美の追究と不可分なものとして先生の生き方を貫いていることです。

第二は、目の前にいる一人ひとりのこの子の発達を支援するために、発達の筋道に即してその子どもの課題を洞察するとともに、社会と家庭の一員として生きている生活者として丸ごと理解することを追求し、そのために必要で不可欠な科学の知見と子どもの心身の栄養となる文化の精華を重視して、常に真剣に学び続けてきたことです。

そして第三は、保育の理論と思想の妥当性を確認するために、その唯一の方法である保育実践の優位性を確信し、自らを保育の職人と呼んで保育環境と子どもの小さな変化を感受できる実践家であろうと努めてきたことです。

ヒューマニズムと美的の追求

まず第一のヒューマニズムについてですが、斎藤先生は一人ひとりの「人間を尊重する、または人間の尊厳を大切にする。そして、人間の平等をどこまでも追求する」ことを、自らの理論と実践のすべてに貫いていました。このような言葉の中に先生の生き方を貫くヒューマニズムが明確に示されています。そうした考え方は学びを通して斎藤先生自身が磨き上げたものですが、同時に着目すべきなのは先生の生育環境に根ざす非常に根源的なものでもあるということです。

斎藤先生の理論と実践から「さくら・さくらんぼ保育」の神髄を学びたいと考えている保育者は、この保育の方法を学ぶだけでなく自らの子どもを見る目や日々の実践をこのヒューマニズムの精神に立って振り返ることが非常に重要になります。それによってはじめて斎藤先生の言葉とその文章の行間から理論と思想を理解することが可能になるからです。

ここで少しだけ斎藤先生の子ども時代を見ておきたいと思います。斎藤先生は一九二〇年に島根県の隠岐島《おきのしま》で生まれました。先生のお母さんは隠岐島で初めて女性で訓導になった人だと佐藤さん（斎藤先生のご子息）から伺いました。訓導というのは小学校の先生のことです。今は学校の先生を教諭と言いますが、戦前は小学生の子どもたちを国家にとって有用な人材へと教え諭して導く人という意味で訓導と呼んだのです。

今でこそ私たちは男女平等という言葉を自由に使うことができますし、女性が教諭になることは何も珍しいことではありません。しかし百年近く前の日本では女性は男性に従うものと見なされ選挙権さえ与えられていませんでした。そんな時代の隠岐島で最初にして唯一の女性訓導として生きていた母親の姿は、女性でありながら一人前の人間として自立して生きるまぶしいほどの存在だったのではないかと思います。斎藤公子先生は凛々しく自立した姿で訓導として生きる母親の姿に自分の将来を重ねながら、幼少の一時期を過ごしたにちがいないのです。斎藤先生自身もそんなお母さんについていくつかのことを述べておられます。

例えば、「うちの母親は私を幼稚園に入れなかったのです。なぜ、入れなかったのかと言えば、やはり大正デモクラシーの影響でしょう。つまり型にはめる（当時の）幼稚園にはぜったいに入れたくなかった。当時の幼推園は子どもたちを型にはめて、先生たちの言うことをじっとして聞くお利口さんを育てる場所で（あった）」と書いています。当時だけでなく現在もまた少なからぬ幼稚園がこれに似た型にはめる幼児教育をしていることは事実ですが、この文章に続けて斎藤先生は大変注意深く「すべての幼稚園がそういうわけではありません」と断り、「立派に子どものためにしている幼稚園がある」と言って現在の幼児教育にも触れています。

ところで斎藤先生のお母さんは娘を幼稚園に入れることを避けただけでなく、斎藤先生に「小学校に行かなくてもいい」とも言っていたそうです。今日とは正反対に、当時義務教育を受けることは国民の三大義務の一つでしたから、その義務教育を受けなくていいということは非常に勇気のいることだったはずです。お母さんは隠岐島という離島におりながら、当時、大正デモクラシーの運動の一部として教育界で取り組まれていた大正自由教育にも強い関心をもっていたのです。大正デモクラシーとは日本を自由な社会にしようと考えた人々が熱い思いで立ち上げた社会運動のことですが、大正自由教育は、国家のための子どもではなく子どもの気持ちを何よりも尊重する児童中心の教育実践を追求する運動でした。斎藤先生のお母さんは大正自由教育の思想を自分の子育てにも生かそうとしていたことがわかります。斎藤先生はお母さんを通してその思想の影響を幼少期から受けていたと言えるのです。

斎藤先生は国家や資本のための人材として子どもを型にはめる保育と教育を一貫して批判し、人間性の尊重のために自由・平等と一人ひとりの自立を追求するヒューマニズムの精神に立って保育の実践を切り拓いてきました。この事実は斎藤先生が自分の母親の進歩的な生き方に学び、それを自覚的に受け継いできたことを示しているのではないでしょうか。

では斎藤先生のお父さんはどんな人だったのでしょうか。お父さんは美術家でかつ陶芸家であったのですが、斎藤先生はお父さんの作品やお父さんが愛した多くの作品に触れ、それに大きな影響を受けたと自ら述べています。そして先生ご自身も「将来は美術で画家として、または美術の世界で生きようとするそんな気持ちがあったらしい」というお話を佐藤さんから伺いました。

斎藤先生が育った家族の中には自由と平等、そして平和を尊ぶ精神が貫いており、同時に絵画や陶芸品など本物の美術品が生活の中に存在し、美を追求する生き方を尊重する精神が満ちていたにちがいありません。その意味で私は、先生の保育思想の根っこにあるものはこのヒューマニズムの精神であり、そして美を求める心に他ならないと考えています。

斎藤先生は人種や障害で人間を差別するような言葉に敏感で、男女を差別することには強く反対してそれに立ち向かってきた人です。また一人の人間として自分が背筋を伸ばして生きることを誰にも妨害させないという強い意志の持ち主でもありました。一人ひとりの人間の自由と尊厳を守ることこそ平和を守り続けることだと考えていたからです。その自由と平等、そして平和の価値に根ざしたヒューマニズムが美的なセンスと分かちがたく結びついていたところに先生の生き方の特質があったと思うのです。斎藤先生の保育理論と保育思想を学ぶとき、私たちは先生のこの生き方あるいは価値観と結びつけて学ぶことが大切であると強く思います。

科学の知見と文化への強い関心

そして二番目に大切なことは、すべての子どもの発達保障に欠かせない科学の知見と文化への強い関心です。斎藤先生は当時の女性にとって最高学府であった東京女子高等師範学校（今日のお茶の水女子大学）で学び、そこで最新の科学と文化に出会っています。斎藤先生は第一線の科学者や哲学者からその研究成果を常に学び続けた大変希有な保育者ですが、それは両親の影響とともに大学で学んだ最新の科学や文化への感動と先進的な研究者との出会いを通して形成されたものの見方、考え方であったと言えると思います。

とくに斎藤先生が学生時代に体験した科学、文化や研究者との出会いの中で、倉橋惣三先生との出会いは重要なものだったと思われます。倉橋惣三といえば日本の幼児教育の実践と理論において、いわば草分けの人であり第一人者といわれた人です。彼は青年時代からフレーベルと幼児教育を実践的に学び、大学院修了後欧米に留学してペスタロッチやフレーベルについて研究しました。帰国後、彼は日本で行われていた形式的なフレーベルの理解と幼児教育の考え方を批判して自由遊びの重要性を主張し、自ら実践した人として有名な人です。

フレーベルは世界で最初の幼稚園を創った人ですが、かれはそれを「キンダーガーデン」と名付けました。その建物は今でも残っているそうですが、そのキンダーガーデンは子どもたちが野や山を駆けめぐるような体験ができる、起伏に富んだ自然が豊かな場所でなければならないという思想のもとにつくられました。そしてまたその場所には、子どもたちにとってのその場所の価値を十分に理解した教師、保育者がいて、子どもたちとともに遊びながら子どもたちの育ちを引き出そうとしていたのです。

もちろん、フレーベルに学んだ倉橋惣三の理論と実践が今日の保育と幼児教育についても最高のものだというつもりはありません。しかし国家主義が最高潮に達した昭和初期の歴史的状況の中で、斎藤先生が倉橋惣三から学んだ保育、教育の思想と実践は非常に刺激的なものであったはずです。少なくとも子どもたちを型にはめようとする当時の教育とは一線を画し、子どもたちの自由な遊びの中にこそ、子どもの育ちを保障する本当の教育力があるということを主張した倉橋惣三の理論と思想は、若い時代の斎藤先生にかなりの影響を与えたのではないかと思われます。

倉橋先生は当時東京女子高等師範学校の教授でしたが、同時に附属幼稚園の主事として仕事をしていました。この附属幼稚園は日本の上流階級の人たちの幼児が集まっている場所で、そういう子どもたちに就学前の教育を行う「学校」だったのです。その学校は大人たちにとって扱いやすい、お利口でおとなしいお嬢ちゃん、お坊ちゃんを育てるための学校だったと言えます。しかし多くの庶民の子どもがまだ幼稚園に行かず地域と家庭で育っていた時代に、幼児が集まっている附属幼稚園は倉橋先生にとってペスタロッチとフレーベルの思想と理論に基づいて実践できた貴重な場所だったということができるのです。

それは倉橋先生が自分の理想と、現実の幼稚園教育との間でズレや葛藤を抱えながら実践し、それをもとにして昭和初期の大学で教えていたと想像できます。そのような葛藤を抱えながら教えていた倉橋先生と斎藤先生の出会いはどのようなものであったのか。細かく調べていけばたくさんの宝物を掘り出せるようなテーマですが、きっと思いがけないエピソードに出会えるのではないかと思います。

こうして斎藤先生は、ヒューマニズムの思想と美的センスを根底に持ちながら、併せて子どもの特質と発達への理解を深め、矛盾に満ちた現実の幼児保育にそれを生かすために、最新の科学や文化に学ぶことに深くこだわることの大切さを学んでこられたのだと思います。斎藤先生が保育者になる前から倉橋先生の理論と実践を自分の生き方と重ねて学んでいたという事実の重さを、保育の本質を学びたいと願う私たちはしっかりと受け止める必要があると思います。

保育における実践の重要性

そして三番目に大切なことは、保育を学ぶときには保育の理論と思想から学ぶとともに、優れた保育実践から実践的に学ぶことが重要だということです。そういう学びのスタイルを斎藤先生に授けられたのも倉橋先生でした。斎藤先生が学んだ頃の東京女子高等師範学校の保育科は、午前中は保育実習で午後は勉強が基本的な学び方だったと言われています。そして夏休みにも学生たちを学校に集めて、新しい保育理論に基づく実践を現場で経験していくことが求められ、「保育と教育の本質」について実践を通して学んでいました。

理論に基づく実践を、実践を通して学ぶスタイルを重視して幼児教育と保育の教師を養成することにこだわったのは倉橋先生でした。それは花嫁支度の一つとして資格を取るために勉強するのとは違い、自立した専門家として教師（保育者）を育てようとしたことを意味します。そのためには多くの知識を学んで覚えるだけでなく、目の前にいる子どもに関わりながら実践の中でぶつかる疑問や問題を解決するためにこそ、さまざまな理論があることを、実践を通して学ぶことが重要だと考えたのです。

この理論と実践の関係は実践の優位性とも言われますが、自らを保育の職人と呼んだ斎藤先生は、子どもとの関わりを通して身体で感じて考えることと頭で論理的に理解することを統一して行うことが保育を学ぶ上で最も重要であると常々語っていました。それ故にこの実践的に学ぶスタイルを、斎藤先生はさくら・さくらんぼ保育を学ぶ保育者に厳しく求めてきていたのです。そしてその根拠の一つが若い頃からの先生自身の保育者としての自己形成にあった点が重要だと思います。この保育を継承したいと考えている保育者にとって、この点は非常に大きな意味を持つのではないかと思います。

三つの内容の結合を目指して

こうして、斎藤先生はヒューマニズムに立脚し、科学・文化を尊重して、そして実践に学び実践で検証するスタイルを貫きながら、自らの保育思想を形作ってきたと言ってほぼ間違いないと思います。このことに関連する根本的なものの考え方として斎藤先生が書いている重要な言葉を最後に紹介しておきたいと思います。

第一は、「人間はすべてうまれながらにして平等だ。障害を持つ子どもも一人の人間として尊重される対等の権利がある」という言葉です。

第二は、「常に新しい科学、医学の発展に目を向けて学習しなければならない」と言っています。

そして第三は、「全国の実践者と交流して情報を集めて学びあうこと」という言葉です。

この三つのことは、斎藤先生が自らの著書の中で、保育を学び深めていく上で欠かせないこととして書かれた言葉です。それは保育者が保育の本質を学ぼうとするときに思想と理論と方法という三つの学ぶべき領域があることを端的に差し示した言葉です。保育者は人生をかけて追求する価値のある専門職ですが、本当の保育士になるためには何をどう学ぶべきなのか、先生が自らの後輩として期待する多くの保育者の皆さんにその内容を示しているのがこれらの言葉だということです。

最後に、本書を読むに当たって常に頭に入れておいてほしい斎藤先生の言葉を紹介しておきたいと思います。こういう言葉です。

「一人ひとりの子どもをみんな平等に可愛がるということは難しいことでしょうが、これができないと本当は保育者はつとまらないのです。でもそういう（力は）テスト（で計ること）はできない。（だから）ペーパーテストで保母資格をとって保母さんになっただけで保育ができるわけではない。また科学的な方法がわかったとしても、真のヒューマニズムを持たない人では、子どもは育たないと思います。科学とロマンが必要です。筋道だけがわかったから、あるいは医学的な処理をしたから、薬を飲ませたから、またはボイタの訓練をしたから、何をしたからといったって子どもは育たないと思います。同じ環境においても、育てる人によってちがいが出る（のです）」、という言葉です。

本当に重い言葉です。日々の保育の中で目の前の子どもを見ながら、「この子どもの前にいる保育者が私でなくてもっと力がある保育者だったら、この子はもっと素敵に成長するかも知れない」と考えてみると、保育という仕事の恐ろしさ、難しさとともに、保育者は学び続けなければ子どもの前には立てないという思いに駆られるのではないでしょうか。そのときに斎藤先生の言葉は学びへの励ましと導きの糸になるのではないかと思います。

こうして科学と実践を結びつけた斎藤先生の理論を学ぶと、すべての子どもの育ちと育ち直す力への徹底した信頼とその育ちを支援する精神が如何に重要であるかがわかります。そして子どもの育ちの状態が表に表われる絵や行動の意味を理解し受け止めるための、育ちの法則性への認識を私たちは先生の著書から学びとることができます。

さらに保育園が日本の子どもたちにとってますます大切になり、子どもたちの幸せにとって不可欠な場所になっている中で、斎藤先生が創始したさくら・さくらんぼ保育の方法と本質を、多くの人が理解可能な言葉で学ぶことで、さくら・さくらんぼ保育をさらに社会に広めることができ、世の中の子どもたちがもっと幸せになるという確信を共有することができます。

本書の復刊が全国の保育実践に弾みをつけるものになることを切に願っています。

広木克行（神戸大学名誉教授）

序文

私どもはこれまで、斎藤公子先生のご講演やご著書を通じて、先生のすばらしい保育の成果の数々を知ることができました。

しかし、私ども保育の素人にとっては、これまでの成果では、まだ、つぎの二点がよくのみこめずにおります。

その第一点は、先生の保育のすばらしい成果はわかるのですが、それがこれまでの〝古い〟保育と、どんなふうにちがっているか、ということです。

その第二は、これまでの成果の一つ一つは理解できても、全体としての先生の保育の見方、考え方、すなわち先生の保育の体系や保育論（観）が、まとまってつかまれていない、ということです。

幸い、今回は右の二点に問題をしぼって、先生のお話をうかがえるわけですが、このことは、私たち保育の素人にとってはもちろんのこと、広く保育者の皆さん、ならびに、これからわが子を幼稚園に入れようか、保育園に入れようか、はたまたどんな保育園に入れようか、となやんでおられる多くの若いご両親にも、大へん役に立つことと思います。

最初にあたり、私どものために、貴重な時間をさいていただいた斎藤先生、ならびにお手伝いをいただいた方々に、厚く御礼を申しあげます。

また、私たち素人、保育者、若い両親のために、このような企画をたててくださった、築地書館の土井庄一郎氏にも深謝の意を表します。

井尻正二

目次

1——保育園とは

幼稚園と保育園のちがい

井尻――では、さっそくですが、私たち素人には、幼稚園と保育園はどう違うのかわからないので、まず、その違いをお教え願います。それが第一問です。

斎藤――日本における最も古い幼稚園は、明治九年にできました。明治五年に学制が発布されて、日本で初めて義務教育が始まったわけですが、そのわずか四年後に、幼稚園ができたのです。第一号は、今のお茶の水付属幼稚園で、もとは東京女子高等師範学校付属幼稚園といいました。私はそこで学んだので、そこの歴史を知っているわけです。

私が学んだのは、昭和十三、四年ごろで、戦争直前でしたが、そのころは、倉橋惣三という人が、この幼稚園の主事でした。日本の幼稚園の保育理論を、はじめて確固たるものにした、すばらしい功労者です。

この倉橋惣三という方は、東大の美学を出ているとかききましたが、若いとき欧米に渡って、ペスタロッチとフレーベルを勉強してきた人なんです。

フレーベルというのは、二百年前のルソーの近代思想を受け継いで、産業革命に向かっていくヨーロッパの十八世紀から十九世紀にかけての、近代幼児教育史を築きあげてきた人です。

倉橋先生は、そういう人たちの理念をもって帰って、女高師付属幼稚園でそれを実践しようとした人なのです。

しかし、今までの古い理念や方法がそこに残っていて、この若い主事は、たいへん悩まれたと思います。私が入学したころは明治・大正時代から、もう四十年も保母をやっているという古い方と、倉橋惣三さんが育てた、私たちより数年前の先輩が半々ぐらいで、表面は非常になごやかなふうに見えていましたけれども、相当な摩擦があったのでは、と思います。その中に私は入っていったので、その両方の違いを見ることができました。そういう日本のいわば幼稚園史をつくってきた人たちと、新しい幼稚園史をつくろうとしている人たちとの渦中に私が育ったのは或る意味では幸いというべきでした。

日本の幼稚園の歴史は、まず、国立が女高師付属として、東京にポンとできたあと、次に薩長が政権をとっていましたから、鹿児島に第二番ができたのです。その次は浪花の商人が自費でつくっています。自分たちでお金を出して、女高師に保育者を勉強に出してつくったのが三番目ということです。さすが商業都市の進取の気性が伺われるでしょう。

それからはつぎつぎともちろん各県の師範学校付属ができたのですが、キリスト教であるとか、仏教であるとか、そういう宗教団体が私立でつくっているのが目立ちます。

では、日本で初めての東京女高師付属幼稚園は、いったいどんな教育をしたのか。倉橋惣三氏と新庄よし子氏共著の「幼稚園史」もありますが、ここに文部省が出した『幼稚園教育九十年史』[*1]という本があります。フレーベルから学ぶといって、フレーベルに直接学んだクララ夫人という人を、ドイツから招いて、それで始めたのです。しかし、同時に水戸藩の儒学を学んだ人も保母にしています。

最初は、子どもを机の前にすわらせて、机の上には碁盤の目があって、その上に、フレーベルが発明したといわれる〝恩物〟(オンブツ)というものが入った箱を置きまして、命令どおり、左手で箱を持って、右の手でフタを開けなさいとか、どういうものを碁盤の何番目のところに置きなさいとか、一つ一つの命令をして、そのとおりやらせるという作業をやっていたといいます。あとは、クララ夫人がピアノを弾いて唱歌や遊戯もしたのですが当時は、おとなはもちろんのこと、子どもも着物はかまで、行儀作法のしつけが重んじられたようです。私が入学した昭和十四、五年ころも先生は着物にはかまでした。フレーベルから学んだといっても、そんなことから始まっていたようです。

本当のフレーベルはまったく違います。フレーベルはペスタロッチから学んで、はじめて近代科学として幼児教育をやった人です。ペスタロッチは孤児院での実践ですけれども、やはりルソーの影響があると思います。二百年前にルソーははじめて、「人間は生まれながらにして平等だ」と言う近代思想を打ち出しました。子どもには教師が三人いて、一人は育てる人、もう一人は事物(環境)。あとの一人が、一番大事な、内なる自然。この内なる自然というのは、井尻先生のおっしゃる「生物の内なる探求反射、いわば進化の一つの要因」に通じることかと思いますが……。

子どもは、成長の過程で、ずっと生物の進化の歴史をたどってはいますが、人間の赤ちゃんも、最初やはり他の動物のように本能といわれる原始反射をもって生まれてきます。それは生命を支える大切な働きとして大切なものですが、生まれるとすぐから目の前にあるお母さんの目をみつめようとか、口にふくまれるお乳の味からとか、また手にふれるものなど、すべての外界の刺激を全身の皮膚を通してまで感覚し、またそのたびにまわりのおとなたちのことばかけによって、人間特有の大脳新皮質を発達させてゆきます。

ルソーのころはまだ、神経系の発達とか、大脳生理学が十分に発達していないときでしたけれども、非常によく子どもを観察し、子どもの変化を見て、その子どものからだに無理をさせる教師は下の下の教師だ、最もいい教師は、子どもの自然の発達をよく見て、最も適切な指導をする人だ——こういうことをルソーが『エミール』[*2]の中で言っています。そして、教育界の中にあったペスタロッチが、こういうことをたくさんとりいれています。

ペスタロッチは、スタンツの孤児院での教育愛から出発しているんですが、「人為的な方法でなくて、ただ、子どもを取り巻く自然と、子どもの日常の要求と、そして、子どもの生き生きした活動とのうちに、教育の方法原理を求める」という、いわば近代教育学のもとは、ペスタロッチがつくり上げたといえます。これは、今だって変わらない、非常に大事なことです。

そのペスタロッチに学んで、フレーベルはそれを幼児教育に適用し、〝キンダーガールデン〟をつくったのです。ただ、まだ十八世紀から十九世紀の初めですから、科学が進歩しはじめたころで、まだ進化論も出ていないころだったのです。ですから、万物が発達していくというものを、万物の〝長〟といいますか、「神」という表現を使っているんです。大昔の人たちも、太陽を神とあがめたり、雨を神としたり、雲を神としたり、樹に精霊があるといったりするのと、ちょっと似ていることですが、すべての生命のもとを、一つの〝神〟としているのですね。

フレーベルは、宇宙を一つの大きな有機体としてみなした。その根底には、統一者としての神が存在していると解釈する。「その神から万物が生まれる。神によって万物は支配されている。万物は、ただ神のその中に働けばこそ存在する。万物の中に神の本性が宿っている。その本質を表わすことが、万物の地上の使命である」とか、いろいろ言ってますけれども、彼の言う恩物というのは、つまり、自然の中で子どもを遊ばせ、いっしょに遊ぶことによって、詩とか歌を創作していく。こういう中で、自己活動とか連続発展、個性化、社会化、直感、労作、生活体験、一連の新教育の原理に立脚して、ペスタロッチの思想を幼児に適用して実践した、はじめての幼児教育者といわれた人なのです。

井尻——幼稚園というのは、日本には義務教育があるのに、どういうことでできたのですか。

斎藤——文明開化の波にのって、西欧においつけ、おいこせと、新しい日本を背負うエリートの子どもたちの早期の教育をめざしたのでしょう。フレーベルは、貴族が一軒の家で家庭教師をやとう、経済的負担を共同のものにしたら、という考えがもとになっていたと倉橋先生からは講義されたおぼえがあります。したがって幼稚園というのは、教育機関でした。だから、義務教育ではありませんけれど、文部省が関与しています。

のちに「幼稚園令」というのが、大正十五年に出ています。
この「幼稚園令」をごらんになるとわかりますが、これは、集団生活に早くなじませるということですね。

井尻――つまり、義務教育だけでは不十分だから？……。

斎藤――そう。三歳過ぎたら、社会生活に若干適応させておかないとという、人間としての社会性の開発と一つの早期知能教育ですね。

井尻――それは日本人が考えついたことですか。外国のまねをしたものですか。

斎藤――もちろんヨーロッパからの移入ですが単なるまねじゃなく中国伝来のものもすてきれなかったようです。

フレーベル直弟子のクララ夫人と同時に、水戸藩の儒学を学んだ人が初代の幼稚園の保母さんになっているからです。

井尻――「子《し》、曰《いわ》く」……。

斎藤――そう。「子、曰く。身体髪膚これを父母に受く。敢えて毀傷せざるは孝のはじめなり」とか、はたしえなかったでしょうが、みんな暗記する方法なんですね。孔子だって、本当に勉強したら、そんなことばっかり言っている人じゃありませんけれども、なんで日本の場合は、創造性をなくして、模倣という、変な形骸的なものが残るんでしょうね？

お遊戯だってそうですよ。こう手をあげてと言えばそうする、こう足をのばしてと言えばそうする。だから何でも前にならえ。今でもですよ。幼稚園の子たちが、学校と同じ「前にならえ」だもの。いやですね倉橋先生はそれをかえた人なんですがね……。

井尻――僕も幼稚園にやられて、恨み骨髄に達していたわけです。何で学校へ行くのに、その前に幼稚園があるのか。だれがきめたかですよ。

斎藤――幼稚園といっても、一概に言えません。幼稚園でも、いいところもあるんです。ただし歴史的には、さっき言ったように、碁盤の目一つも間違えられないぐらいに、命令にまず従う。それから集団の規則。人に迷惑をかけないとか、自分のことは自分でやるとか。就学前ならまだしも、三、四歳ごろから同じようにするんですからね。

井尻――そうすると、その陰には、やはり軍国主義みたいなものがありますね。

斎藤――あります、あります。それで、絶対に上司の言うことを聞く。だから、はみ出てはいけない。はみだしっ子というのが問題児にされる。でも、これが、自我の芽ばえの三歳からでしょう。何でも「イヤ」という子を、はみださせないというんだから、本当は角をためて牛を殺すんですよ、日本の多くの幼児教育は。

井尻――僕もそうでした。外国人が園長さんの幼稚園に行ったんですが、何でも「ノー（no）坊ちゃん、ノー（no）お坊ちゃん」と言われたんです（笑い）。

斎藤――それは一番すばらしい（笑い）。本当は、「ノー」「ノー」と言ったらすばらしいんです。これが自立の芽ばえです。つまり、大脳皮質が人間らしくはたらいて、自分で考えて物を言おうとするのですから。はみださないのは、考える力が育っていないからでしょうね。

井尻――だいぶわかりました。幼稚園というものは、極端にいえば、型にはまった人間を教育するための場所だったのですね。

斎藤――恩物って五色の玉ですよ。五色の玉での遊び、三角形の理解、貝の遊び、鎖の連接、形体の積み方、形体の置き方、本箸の置き方、輪の置き方、環の置き方、切り紙とか、貼り紙とか、裁縫とか、石板で絵を描くとか、こういうことを教えていく。この、最初の幼稚園が採用したやり方が、あとあと新設幼稚園の模範とされ、のちに定められる幼稚園関係者法規にも、少なからず影響を与えたというんです。けれども、趣旨は、「学齢未満の小児において、天賦の知覚を開達し、個有の進取を啓発し、身体の健全を自負し、交際の情誼を凝知し、善良の言行に完熟せしむる」[*1]……こういうのが命令だけれども、それをまったく型にはめて教えるという教育方法が行われたんです。倉橋先生は西欧から学んでなんとかあそびの中で子どもの自発性をのばしてゆこうと努力されたのでした。

井尻——幼稚園になぜやらされたかわかって、僕もさっぱりしました。

斎藤——うちの母は私を幼稚園に入れなかったのです。なぜ入れなかったかといえば、やはり大正デモクラシーの影響でしょう。つまり西欧の文化が入ってきまして、母はその洗礼を受けたわけです。それから、むこうの教育方法を知ったわけです。だから、型にはめる幼稚園には絶対に入れなかった。

井尻——僕は毎日、いやで、母にひっぱられて泣く泣く行きました。

斎藤——うちの母は〝新教育〟時代の教師でしたからね。

井尻——それは斎藤先生のお母さんのほうが偉かった。うちの母親はひっぱって行った。

斎藤——小学校も行かなくていいと言ったんですよ。大した母親です。それは、〝新教育〟といいましょうか、大正デモクラシーの影響です。最後にもう一度いい足しますが、すべての幼稚園でそうだということではなく、フレーベルがいった〝キンダーガールデン〟つまり〝子どもの園〟のようにたのしい幼稚園も少なくありませんが、歴史的にいえば、今私がいったような園が多かったということなんです。

保育園の歴史

井尻——では、保育園について、おねがいします。

斎藤——戦前の日本には託児所というところはあっても、国は補助金を出して保育園はつくりませんでした。昭和二十三年に児童福祉法が制定されて、社会保障制度としてはじめて保育園が始まったのです。

ヨーロッパは違います。ヨーロッパでは、ロバート・オーエンあたりから保育園が始まっています。産業革命のときに、すでに工場労働者の子どもを預かっているのに、日本はそういう制度をまったく無視してきた。これは、日本の資本主義発達の形態とヨーロッパとの違いだと思います。

たとえば、ロバート・オーエンはイギリスですが、イギリスでは、蒸気機関の発明と同時に紡績の大工場が急速に発達していくような資本主義の形態です。一方、日本の戦前の資本主義の形態はといえば、輸出の主な産業は生糸とオモチャ産業だったでしょう。オモチャの方は、東京の下町あたりの長屋で、ほそぼそと暮らす都市貧困層の家内工業に支えられた、搾取形態で行われていた。生糸の方は、紡績女工の労働に支えられていたわけですが、彼女たちは、みんな塀の中に囲われていたので、年期奉公の間は結婚もできなければ、子どももできないから、保育園は必要ないわけです。この近辺にも、紡績工場の跡が残っていますが、高い土塀に囲われて、私が深《ふか》谷《や》に来たころ（昭和二十年の後半）まで外出の自由がなく、賃金は前借で親元に払われる、つまり、年期奉公です。それで、からだをこわせば帰される。ここは群馬の富岡製糸もそばですから、女工哀史がおきています。日本の資本主義の発達は、こうした形態、つまり、農村の婦女子をしぼることによって発達したともいえましょう。これは、野呂栄太郎の『日本資本主義発達史』[*3]をお読みになればおわかりだと思いますが、広大な農村部の疲弊。これは、明治の初年に税制が制度されましたね。廃藩置県になって、土地がいちおう農民に与えられましたけれども、いままで石高で払っていたものをお金で払うようになった。作物ができようができまいが一反当り幾らで、税金を払わせられる。こういう制度のために、冷害その他飢饉の年にはまず娘を売って、次に土地を売る農民が続出する。金貸しがそこに入り込んで、今のサラ金と同じような苦悩を農民が味わった。娘を売るとか、あるいは、土地を離れて都会に出ていくとか。そして、これが都市の貧民層になっていったのです。この人たちがオモチャ産業などの家内工業を支えたわけです。

　私も昭和二十三年から保育園の第一歩を下町で過ごしましたが、戦後でも同じ形態が、高度経済成長期まで続いていました。子どもをまわりの露地で遊ばせながらできる仕事をやっていたわけです。三井、三菱なんか、下請からたっぷりしぼり取っていたのです。だから、朝鮮動乱後、軍需景気が没落し、私の担任の子どもの中にも、一家九人心中なんていうのがありました。家内工業がつぶれてしまったら、死ぬしかなかったのです。

たまたま私がはじめて就職した保育園の前理事長が、日本郵船の社長でした。保育園の職員は一度その社長宅に招待されたんです。栃木かどこでしたかの田舎に私たちは連れていかれましたけれども、その豪華な邸宅にはおどろくばかりでした。だから、いかに日本郵船は貿易でもうけたか。しかし、その人が経営するセツルメントはどんな施設であったかというと、戦前は無籍児童を預かっていたんです。浮浪者の子どもですから、籍がないんです。都市に流れてくる浮浪者たちの子どもです。

そこの創設が大正九年です。ちょうど私の生まれた年です。大正九年というと、世界大恐慌の中で、日本も大正七年には米騒動が起きています。大正十二年には関東大震災が起きて、江東区、墨田区、荒川区というところは、潰滅状態になったところですね。そこに当時の都市の浮浪者が集まってくる。その中に、義務教育を受けられない子どもたちがいっぱいいたというんです。日本郵船の社長は、自分の邸宅内に礼拝堂を作るほどのキリスト教信者で、一方で大もうけしながらも、慈悲をたれなくてはならないと思ったのでしょう。外国からも基金を集め、カナダの宣教師団の援助も得て、そこに無籍児童救済のための学校をつくった。セツルメントだったのです。そこが第二次大戦の戦災で焼けまして、戦後はそこに戦災孤児が収容されました。四階建のコンクリートの立派な建物ができました。そして、保育所も診療所も併設されたんです。ミッション系のセツルメントなんですね。

戦後、私が厚生省に行って就職を求めたときに、そこに派遣されたわけです。だからそこは、都市貧民層の子どもが多くいました。ほとんどの家がバラックで、東京都内の収集ゴミを分ける作業をしていました。ワラクズ、鉄クズ、紙クズ、綿、麻のボロ布……、集まってくるクズの中から分けていく。母親はより分ける箱の前にすわって作業しているんですが、上半身はだかでしたよ。「このガキ！」なんて子どもをどなったりしながら、仕事をしているわけです。そこに保育所ができましたから、当然そういう子どもたちが集まってきます。そこで私は最初の仕事をしました。

保育園は厚生省の管轄で、幼稚園は文部省という制度の違いがあります。町の人たちは、児童福祉法というのを知りませんでしたから、われわれが説明に行きました。みなさん、どんな貧困でも、国や県や都のお金でみなさんを無料で預かるんですよ。だからお金の心配をしないでよこして下さいと言って家庭訪問をして歩いて、その貧困層の子どもを集めたのです。なかには、父親と娘の間にできてしまった子どもがいて、押入れに隠してあった。そんな子どもも家庭訪問して、「大丈夫ですからよこしてください」と言って、預かりました。

また、当時占領軍がいましたから、占領軍相手の商売をしている女の人たちも大ぜいいました。こうした人たちの混血児を育てた人があの沢田美喜さんという人でした。

保育園を経営する措置費の仕組みは、預ける人の所得額の高によって国が八割、県が一割、市が一割の補助が出て格差があります（この、国の八割負担というのは運動によってずっと守ってきたのが、今度はじめて、来年度——昭和六十年度——からこれが崩されて、国の負担が減ります）。非課税世帯はみんな父母負担はゼロですから無料になります。しかも、給食があるというのは大きな魅力でした。しかも、長い時間預かる。私たち、十二時間ぐらい保育をしました。朝七時から夜七時までです。

制度上、文部省は三歳過ぎないと預かりませんが、厚生省の場合は産休あけから、つまりゼロ歳から預かります。三歳以上は、明治九年から幼稚園が始まっているから教育の理論や方法論がいろいろありますが、保育園は、ゼロ歳児をどうやって預かるのか、どんな離乳食がいいのか、理論も方法もないうちに、預からなくてはならなかった。しかも職員は、交替制もなく、低い賃金で、休みもありませんでした。措置費が低かったからなんでしょうが、こうして保育の仕事は戦後始まったのです。

私は女高師を卒業するときに幼稚園教諭の免状をもらいましたが、制度が変わって、幼稚園の免許証では保育園に勤められない。保育所の免許証を取り直せといわれまして二つもっているわけです。

幼稚園は教諭なのです。保育園は保母ということになったのです。教諭と保母とどこが違うのだろうか。科目は保母のほうが多いのです。教育だけではなく、しかも保育園は預かって育てる時間が長い。幼稚園は四時間ぐらいと短い。それなのに、待遇は教諭のほうが上です。教諭のほうが上のような錯覚を与える賃金体系でもある。保母さんというのは、保育に欠けている子どもを預かるんで教育はしなくてもいいといった印象を、最初は与えたわけです。ただ預かっていればいい。

ところが、預かっている子どもは大切な育つ時期ですから、指導要領というのが文部省にはありますが、この指導要領を保育園にも適用することになりました。そこで、保育園にも教育の時間が必要だとか、あるいは中教審答申が出まして、三歳以上は幼稚園へ、日本も一本化したほうがいいのではないかと言う議論がおこっているんです。もちろん戦前、戦後も一本化についてはは話されていました。

ゼロ歳から三歳までを保育園として、三歳以上になったら幼稚園に行けばいいじゃないかというような、安易な考え方で、保育園というのは低年齢で、少し年齢が大きくなって、就学前になるとみんな幼稚園にやればよいということになって。そういう市町村が最近はふえているのです。中教審の答申以来、公立の幼稚園をつくる動きが市町村に出てきて、保育園も私立幼稚園も当然それに反対するという、今、とてもたいへんな状態です。

現実に、そういう幼稚園が全国にできていますよ。そうすると、保育所のほうでも、最後まで、つまり学齢になるまで、保育しないんです。大きい年齢になると、公立幼稚園へ出してしまうんです。そうすると、母親はどうなるかというと、就労をやめなければならない。保育所というのは、本当は就労保証のためにできたし、戦後も、高度経済成長の中で伸びてきました。だから、民主婦人団体はみんな〝ポストの数ほど保育所を〟という運動をしましたけれども、この保育所が市町村によっては、就学一年前の年になると幼稚園に出すようになる。ところが、幼稚園は文部省の管轄だし、保育園は厚生省の管轄なので、国の指導体系がまったく違うし、制度も違うわけです。それから、先生たちの身分保障も違ってきます。母親たちは、文部省は教育するところ、保育園は預かるところというふうな一般の概念でとらえて、やむを得ず就労をあきらめてある意味では、保育園と幼稚園が対立関係にあるような状況です。保育園の先生と幼稚園の先生は、一本化の連絡協議会がないのです。だから公的なものでは、一緒の研究集団はほとんどありません。幼稚園の先生は幼稚園どうしで勉強する。保育園の先生は保育園どうしで勉強する。

こういう情況ですから、私のところのように保育園が最年長まで保育するというのは、この深谷でもすごい闘いでしたよ。なにしろ公立の幼稚園が完備していて保育料が比べものにならないくらいやすいのですから。でも心ある親が、斎藤先生に最後まで見てもらいたい、というので少人数残したわけです。あとはみんな、櫛の歯を欠くように公立幼稚園に行ってしまいました。私どもは、ゼロから一、二、三、四、五歳と育ててきても、最後の年は、さようならと幼稚園に行ってしまう悲劇を、ずっと味わってきました。ところが、それがだんだん、やっぱり斎藤のところで教育を受けて小学校に行ったほうが、あとあとよくなるという親がふえまして、今年は最年長児がちょうど百人います。こんなに大ぜいになったのははじめてです。最初の年は九人でしたから、十一倍余りになったわけですね。もうじき三十周年になりますけれども。

しかし、深谷の他の保育園の場合は、姉妹園をのぞきまだ、みんな途中から幼稚園にやっているんです。だから親はパートに切り替わって、長い時間働けなくなる。保育所というのは就労する人のためにあるのです。昼間子どもの保育に欠ける場合に預かりますよ、という児童福祉法の措置基準によって保育所はある。そこで国が、厚生省を通して補助金を出している。文部省管轄の幼稚園は、親の就労と何ら関係なく、幼年期にも集団教育が必要だということでつくられた一つの教育機関です。だから、どんなに親がパートで働いたり、家の中で内職に忙しくても、長時間保育はしない。幼児には長時間の集団生活は無理だという観点から、明治、大正にきめたそのままなんです。短時間で帰してしまう。給食もしません。だから親は、子どもが帰ってきても、あとはほったらかしです、一生懸命内職してますから。ところが、道路がこういう交通事情になって遊び場がなくなっても、幼稚園は長時間保育はいたしませんと、ほとんどの幼稚園は言う。今はそういう状態なのです。幼稚園は教育機関でございますと、すましているところが多いのです。

保育園についてはどうかといえば、――保育園は教育機関ではない。だから、ただケガしないように預かっていればいい。なにも教育、教育、子どもの発達なんて言わなくてもいいんだ。本当は親が育てるべきなのに、児童福祉法で預かっているんだから、なにもそれ以上のことをやることはないんだ。――極端にいうとこういう考え方がある。だから、まず箱の中に入れておいて、危ないところに散歩になんか連れ出すな。ケガさせちゃいけない、ケガさせちゃいけないと言って、すわらせておくわけです。

国は、子どもの保育費（給食費プラス教材費）をきめているんですが、だいたいロッカー代なんですよ。荷物一日預けるお金、いま二百円か三百円ですが、それだけくれるんです。私は不思議でたまらないのですが、ほんとうにロッカー代なんですね。荷物のように箱に入れておけといわんばかりです。雨露しのぐ場所は一人〇・六坪なんです。一人〇・六坪といったら、畳二畳ないんですが、子どもを動かさなくていいのでしょう。置くだけだから〇・六坪なんでしょうね。うちのような室内運動場は基準にないんです。

保育園は国がお金を出す事業ですから、園舎を建てるときに国が半分くれます。そして、県が四分の一出して、あとの四分の一は自己資金でなさいということなんです。だから、宗教法人は宗教団体からもらう。市町村は自分で出す。非常に運動が激しくて、住民に押し切られたところは、四分の一の自己負担分を市町村が出すところもあります。しかし、私たちは自己資金などありませんから、借りて建てるわけです。二十年返済で、低利ということでも、利息を取られます。必要な坪数にはホールは入らない。ひとり〇・六坪で結構、それ以上やりたければ、全部自分のお金でなさいというわけですから借金の高はふえます。教育機関じゃないんだからケガしないように一時預かっておきなさい。これが保育所の現在の有様なのです。

ところが社会主義国に行きますと、——といっても、ソビエトに二十一年前に行っただけですけれども——そこで話を聞きますと、結局は、国の財政をみんなで支えていくという観点に立って、全部公の機関として、一貫して教育機関までもつわけです。小さい年齢のほうを保育所といって、上を幼稚園と名づけていますけれども、一本化ですから、全部公の補助事業としてやっている。そして、土地が広いということもありますが、すごいぜいたくなものでした。

日本の保育所は、敷地の最低基準が二百坪なんです。そこに、一人〇・六坪で六十人定員ですと、三十六坪を保育室に取って、あと、トイレと給食室、事務室、あるいは保母室、子どもが病気になったときに寝る部屋とか、そういうのを六十〜七十坪くらいとりますと、百坪ちょっとの庭が残るだけなのです。これが最低基準なんですけれども、これが今最高になっています。土地代には一銭も補助金が出ません。ところが都市は、土地が非常に高いでしょう。私たちが厚生省とか大蔵省に、土地代の援助をしてくれと頼みに行きましても、国の補助事業は、直接使うところにしか出せなく、園舎は直接使うところだが、土地は間接利用なので、土地には出せない、子どもに土地はいらないという考えなのです。建物を建てるところにだけあげますという。土地は高くて買えませんから、都市だと、七十〜八十坪でもやむを得ず認可をするという状態ですから、どうしても、高層になってしまう。五十〜六十坪、七十〜八十坪の土地をようやく確保したところに、二階、三階という保育園になる。ほとんど仕方なくそうなってしまうんですね。だから、結局は鉄筋コンクリートになります。照り返しの強い中で、赤ちゃんがただ寝かされているんですよ。そして、遊ぶ庭がないという状態です。それでも保育園は預かるところだからいいというわけです。教育機関ではない。子どもが発達しようがしまいがかまわない。発達させたいと思ったら、子どもは親が育てる義務があるんだから、仕事なんかしないで親が三歳まで育てて幼稚園に入れればいい、という状態なんです。

私のものの考え方は、井尻先生の『科学論』[*4]と、すごく共通な面があるのです。先生の『科学論』は、根本的な、大事な問題だと思いました。

さきほど申しましたように、保育園の一番のもとは誰かというと、ロバート・オーエンなのです。

ロバート・オーエンも、最初から幼児教育者ではありません。彼は工場主側ですが、一七八四年ごろのイギリスで、自分の教区の徒弟が、どのような労働をしているか、どんな生活をしているかを観察したわけです。

　すると、彼のいるニューラナークにおいて、オーエンの前任者デビット・ディールが、アークライトとともに紡績工場を設立したとき、エジンバラの少年たちが五百名も労働についていたわけです。六歳、七歳、八歳という幼少年工が働いていた。そして、前任者ディールは、慈善心の強い親切な人ではあったけれども、その幼少年工たちの労働条件はひどいものだったのですね。子どもたちの入る施設、食物、衣服の費用を出し、しかも利益をあげるためには、夏も冬も、朝六時から夕方七時まで、立ったまま工場内で働かせることが絶対に必要であった。――当時の資本主義社会の中では、これだけ働かせなければやっていけないという工場の状態を、オーエンも認めざるを得なかったのです。しかも、「十二時間、この幼い子どもを働かしたのちに、彼らはの夜の教育は、決して成功しなかった。子どもたちは絶えず逃亡し、ほとんどすべての幼少年工は、七か年、八か年、または九か年の徒弟期間の満期を待ちこがれていた。しかし、満期に到達したときには、彼らの心身はすでに疲労しきっており、あるいは病魔に侵されており、あるいは不具となり、とても社会に出て役に立ち得る身体状態ではなかった。[*5]」

　こうした状態がのちにマルクスをして「資本論」を書かせることにもなったのでしょう。

　ロバート・オーエンは、それを観察してきたわけです。ずうっと観察してきて、教育ということは、働いたあとの六、七、八歳の子には無理だ。そんな状態の子どもたちは、どんなに教育しても効果はないと思ったのです。

それで、ロバート・オーエンが何をやったかというと、――母親のスカートにつかまってやってくる小さな子どもが、綿ぼこりにまみれている（インドから持ってくる綿で綿布をつくるのが、イギリスの主要産業でしたから、この綿ぼこりの中に乳幼児たちがまみれている）。その子どもたちを払いのけ払いのけ母親たちが働いている。こうした子たちを、ちょっと母親と別にしてみよう、というところからロバート・オーエンの保育所は始まったのですね。それが、彼の「性格形成学園」の幼児学校です。

お母さんたちは、「あなた方が働きやすいように、ヨチヨチ歩きの子どもを預かってあげましょう」といわれたとき、胸が引き裂かれる思いをしたと思うんです。オーエンは、いったいどんなことをするのか、と、母親たちは真意をつかめなかった。しかし、実際に幼児の行動に現れてきた結果を見て、次第に親の方から、幼児学校に入れることを希望するようになっていったといいます。

オーエンの幼児学校の教育は、一歳から五歳までで、快適な衣食住が強調され、とくに環境に重点を置いていました。

衛生的な食べ物、軽快な余裕のある衣服、清い大気の中での規則正しい運動など、紡績工場で働く労働者にとって、工場でも、家庭でも、最も欠けている点を補う学校でした。

「貧困で無知な両親でも、子どもを学校にやることに反対する労働者でも、清く澄みきった大自然の空気の中で、日光を浴びながら、嬉々として楽しく遊ぶ清楚な服装の幼児の群を見ては、子どもの幸福のために、登校を反対する両親はあり得なかった。オーエンの、十分に整備された環境への着眼が、いかにすばらしいものか理解される。[*5]」

これが、ヨーロッパの保育園の初めなんです。だから、ヨーロッパの保育園の歴史は、ここ〝さくら・さくらんぼ〟に受け継がれていると思いますよ。

ところが、日本政府は、それを受け継がないのです。日本政府は何を受け継いだかというと、〈子守学校〉なのです。

〈子守学校〉というのは、小学校の就学率が低いので、これをあげるために、明治十年代に、政府が各地に設置した学校です。たいてい小学校の教室を使っていました。

日本の保育の歴史は、子守学校からはじまって、それを受け継いでいるんです。私自身が、実は子守学校の教師も自ら兼ねた母から、その話をよく聞いているんです。

子守りをしていて学校へ行けない子がいっぱいいるわけでね。そういう子どもたちを集めて、幼児は部屋の片すみで遊ばせておいて、勉強する。赤ん坊をおぶった子どもが学校の窓からのぞくと、うちの母は「おいで。中へお入り」と呼んで、赤ちゃんをおろさせる。真っぱだかにして背負っているんです。こうしておくと肌でぬくまるだけでなくオシッコは下に流れてかわくので、はだかのままおぶっている。母はそれを教室におろして、休み時間の十五分間で、自分のじゅばんを脱いで一ツ身を縫って、その赤ちゃんに着せたと話してくれました。赤ちゃんをあやしながら子どもに勉強を教える。こういう人が明治の教師なんです。これが託児所の始まりといえるでしょう。農繁期の季節保育所もありますけれどもね。

日本の保育者の一番の元祖はだれかな？　私は良寛《りょうかん》さんかな、と思ったりするのですが、良寛さんは保育所のかわりをやっていたわけで、農村の子どもたちを遊んでやっていたのですね。新潟とか、米どころでは、お裁縫の先生をしていた人が、「じゃ、農繁期だけ預かりましょう」とか、お寺さんが預かるとかいうのがありました。だから、日本の場合は農村には季節保育所があったけれども、都市労働者の子どもを預かろうというのが戦前の無産者託児所でしょう。

都市貧困層の子どもを預かった古い歴史もあります。東京の新宿のどまん中に、二葉保育園というのがあります。これは明治三十三年に麹町で誕生した。野口幽香《のぐちゆか》という人が、女子学習院の幼稚園に勤めていました。この野口幽香は私の大先輩、女高師保育実習科卒の人です。ところが、この行き帰りに、都市貧困層の子どもを見て、非常に心が痛んだ。それで、自分が教えていた子どもたちの親、大企業主とか華族とか貴族・皇族などに奉加帳をまわしまして、毎月毎月寄付金を仰ぎ、保母さんをやとって二葉保育園というのをつくったのです。

野口幽香さんは、とうに亡くなりましたが、そのときの奉加帳を見せてもらったことがあります。大体、金持ちは五十銭ぐらいで、ズラッと寄付が並んでいました。これは毎月ですよ、維持費ですから。国は出しませんから、金持ちの恵みを受けたわけです。

集めた子どもたちには、何から始めたか。ほとんど私の小学校のときと同じです。学校の先生が、シラミの列と、トラコーマと、疥癬《かいせん》の子どもを別に並べて放課後治療したのと同じように、まず皮膚病の根治です。それから食べさせること。飢えている子にまず食べさせる。それから衣類がないから、金持ちからもらってきて着せる。教育どころではなかったと「二葉保育史」には書いてありました。

ところが、そんなにやっても、親はなかなか子どもをよこさないので、長屋を回って集めてきたということでした。これが日本の正式の保育園としては、一番古いようです。

そのほか、前にもふれましたが大正時代の華といわれた九条武子夫人が、だんながヨーロッパに行って九年間も帰ってこなかった、その間お寺で貧困家庭の子どもたちを預かって託児所をやったという歴史がありますけれども、結局は慈善事業ですね。このほかに大正の〝新教育時代の流れをついで〟子どもの村保育園というのがちょっと異色を放っています。平田のぶという人が園長でしたが、私も戦後お目にかかったことがありましたが、自殺されたことを知っておどろきました。

このほか、宮本百合子の小説に出てきますが、無産者託児所というのが東京の下町に労働者たちの手によって生まれていました。今の民主的保育園のはしりでしょう。

これは世界ではじめての社会主義国ソビエトの誕生によって日本の労働運動もはげまされ、その一貫として働く父母たちの子どもを自分たちで教育しようとした歴史です。これは、浦辺史さんという歴史の証人がご健在でこの保育の歴史をかいておられます[*6]。もちろん戦争の時は弾圧をうけています。戦前保育問題研究会をつくられ、実験園としての戸越保育園をつくられた城戸幡太郎先生も弾圧をうけられました。

戦前は一般の施設は国からはいっさい補助金がなくて、金持ちの恵みを仰いだ。つまり貧民対策ですね。

今、政府が軍備に金がかかるからといってそれに戻そうとしているのです。もし保育所を利用するのなら、全額お払いなさい、と補助金の打ち切りを始めて、一人預ける場合は、父母負担は、最高額五万も六万も払わせられる。勤労者が毎月毎月五万も二人では十万も払うのは容易ではないので、やめる人が続出する。ごく低所得の家庭のゼロ歳の子どもが三人以上保育園に入園している場合のみいれ、三人のゼロ歳児に一人の保育者を配属してくれますが、少しでも所得税を余分にとられている人の場合の子どもに六人に一人の保母さんしかくれないんです。国は、六つ子を一人で見なさいというわけです。六人の子どもなんか見られませんよ。私どもは、革新県政でずっと請願運動をしまして、やっと子ども対保母の数を三対一にしてもらいました。つまり、埼玉県と市の補助でやれるのです。県によっては同じく補助をするところもありますが県・市の独自の補助であって、国はくれません。国は貧民対策として乳児保育をみていて、つまり戦前に戻りつつありますね。

井尻——保育園の歴史が、だいぶよくわかりました。

保育園は、救済事業として始まったのですね。そして戦後になって、はじめて保育園としての歩みが始まって、最近また、救済事業にもどりはじめたような傾向があるということですね。

2——保育の現場から

胎児からの保育

井尻——それでは第二部「保育の現場から」。とくに従来の保育法との違いを重点にして、お話しください。まず、「胎児からの保育」。その点で、従来なくて、先生のところで実行されていることをお話しください。

斎藤——従来、「胎児の保育」というものはなかったと思います。ただ、胎教といわれるものはありました。これは、よく私の母なんか言いましたよ。昔の人は、「妊婦は火事を見るんじゃない。アザができる」とか、「いつも美しい絵を見ていなさい」とか。

胃というのは、すごく神経と関係がありますから、ノイローゼになると、すぐ胃病になる人がいます。恐怖に襲われたり、心配したり、嫌なことがあったりしますと、すぐ胃をこわす人がいます。それから、今まで何でもなかったのに、失恋したとか、何かショックを受けたときに、必ずやせおとろえる。食欲がないという若い人たちを何人か観察してみますと何かあります。非常にショックを受けたりしますと、食欲とか、いろんなことに関係しますね。あるいはホルモンの分泌とか、いろんなことが関係する。そうしますと、妊婦ですと胎児の育ちに影響します。だから昔の人たちは、理屈はわからないけれども、経験的に、そういう胎教ということを言ったのだと思います。

今は、お腹の中のこともだいぶわかってきました。私たちが「みんなの保育大学」で井尻先生をお呼びして『ひとの先祖と子どものおいたち』[*7]を勉強したのは一九七八年でした。それから少したって『生まれる』[*8]という本が出たんですが、その本に述べられていることによると、妊婦のお腹の中が写せるようになったんですね。

私は一九七六年に、ポルトマンの「個体発生は系統発生を反復するなんてナンセンスだ」という説に疑問を感じました。学問的にではなく、子どもを観察している立場から、どうもおかしいと思ったわけです。先天異常児に、先祖帰りのような様相が現れることがあるのです。

こんなときに、井尻先生の本を見ましたら、個体発生と系統発生の関係を書いていらしたので、「ああ、この先生から学ぼう」と思って、先生にお手紙を差し上げて、「みんなの保育大学」が始まったわけです。

この『生まれる』という本は一九八一年に発行されました。著者のニルソンという人は、本当はカメラマンですけれども、科学者として遇されているそうです。子宮の中の特殊カメラで、胎児がだんだん成長していくのを、全部写せるようになったわけです。だから、全部お腹の中がわかるようになった。事実がわかると、ポルトマンのような説は、もう論争の余地がなくなりました。魚類のような状態から刻々に変わっていくところが、生きたまま写せるわけです。

このごろ胎児の期間の発達のおくれとか、薬害とか、私の知っているだけでもずいぶん先天異常の子どもが私のところに相談にきています。胎児中の薬害で世界の話題になったのはサリドマイド児ですが、先日、今まで私も知らなかったルビシュタイン・タービー症候群といわれる子どもが相談にきました。この症候群の特徴は、親指が、人さし指とは対向できるけれど、他の指とは対向できないのです。サルの指も人さし指とは対向しますが、他の指と向き合いません。これでは人間としての仕事はできないのです。

また鼻はちょうどフクロウのような鼻の形をしています。

今はプラダウィリ症候群の子どもとかコルネリヤ、デランゲ氏症候群とか筋肉こうしゅく症であるとかの先天異常のほかに五指を握ったまま、つまり指をひらかないで生まれた子どももいます。手術をして切り離しましたが、長さは短いのでかわいそうです。これは妊娠の初期に何か問題があったとき、おこるようです。ただし脳に損傷があるとは限りませんから、物心ついて自分のからだの一部の異常に気づき、一時期は悩みましたが、職員や友だちに支えられてけなげに懸命に生き、すばらしくのびている姿には感動のほかありません。

目の位置が、とても離れているとか、逆にくっついているとか、耳や口などにも奇形が出る場合がありますが、やはり胎内での何らかの発達のもつれと関係しているようです。この場合も乳児期からの育て方で、発達のおくれを克服している子どもが多いのですが。

あるとき、自閉と診断された子どもをつれて相談にきた人がいました。その子どもの顔をみますと、目がちょっと離れています。おかしいなと思いました。ちょうど神経科医をお招きしていたので「あの顔は自閉ではないと思うんですけれども……」と私がささやきますと、その先生も「ああ、ぼくもそう思います」といわれて、その子の手を見て、「あ、斎藤さん、ここに異常があります」と言われました。手の小指に節が三本ありました。普通の人は二本ですから一本多いわけで、四肢奇形ですね。これは、妊娠ごく初期の、薬害か、レントゲン照射か、わかりませんが、何かあった影響らしい。ことばのおくれから自閉ではないかといわれたようですが。このほか、自閉という診断で入園した子どもですが、ことばの出かたが早いのでふしぎに思っていたのですが、足の指がちょっと重なっていました。やはり四肢奇形ですね。こういうのは、自閉症とは違うわけです。

自閉症というのは、顔かたちはまったく正常なので気づくのがおそいのですが、非常に重い脳損傷です。この自閉症も今では胎内の何らかの発達のもつれということがいわれてきました。まだその原因ははっきりわかりませんが、高度経済成長と関わりがあるので、なにか危険な化学物質や大気汚染による、胎内での脳の発達のもつれではないかといわれてきました。

このように妊娠のごく初期に酸素不足または環境変異源などで胎児に影響を与えることが多いのです。また、母親が不健康であったり、体力が低下していたりすると、先天異常の子どもが生まれやすいのです。高年齢出産で、先天異常の子どもが生まれるときもあります。四十歳すぎてから七、八番目の子を生んだとかなど、……戦前は、そういうことがよくありました。これは体力の低下ですね。

今は、若い母親が先天異常の子どもを生みます。これは、いろいろな理由があると思います。くわしくいいますと貧血とか、レントゲン照射とか、薬害（避妊薬も含む）、アルコール、タバコ等々、または酸素不足です。狭い部屋なのに、アルミサッシを閉めきって、瞬間湯沸器の種火をつけっぱなしにしておく。酸素不足に気づかない人がいっぱいいますよ。ですから、私の園では、木わくの建具にわざわざしたり、暖房器具もえらんで換気にはとても気を使っています。

それから、蛍光灯をつけっぱなしで太陽光線をうけない地下室での仕事とか、冷暖房完備の中での仕事が多いとか、自動車の排気ガスを始終すっているとか、環境汚染のひどいところで生活をする人が多いのです。農薬のダイオキシンとか、乾電池の水銀だとか、ペンキの鉛の害。これも最近たいへんな問題になっています。みんな胎児に影響を与えます。

この近所の農家の方で、無脳に近い赤ちゃんを生んだ方が相談にきましたけれども。ベトナムでは枯葉剤で、無脳の子どもとか、単眼、双頭とか、いろいろ奇形の子どもが生まれましたね。最近、奇形のサルが問題になっているおりに、人間にも同じことがいえるのです。だから、原爆病や水俣病の人が先天異常の子どもを生むと同じようなことが、私たちの近辺でも起こり得る環境になってしまっているのですね。

また、「兄弟二人自閉症という例はないですよ」と、初期のころお医者さんが言ってたのですが、ある家庭で、兄弟二人に出ました。二人とも自閉症というのは、深刻ですよ。原子力研究所で働いている人の子どもでした。

夫婦とも結核だった家庭に生まれた子どもが、二人とも先天異常だった例もあります。やはり親のからだの弱さが先天異常につながるんです。胎児が十分に育ちきれないわけです。

薬害も多くて、毒物、劇薬、とくに新しい化学物質が、胎盤を直通して胎児に行ってしまう。昔は、劇薬とか毒物として、研究所の奥深くとか、医者の家の棚の奥深くにしまわれていたものが、今は平気で日常茶飯事に使われています。大気にばらまき、水中にばらまき、土壌の中にもばらまいている。

こういう中でわれわれは生活していますから、胎児は非常な影響を受けるわけですね。からだのいろんな部分――循環系、神経系がつくられていくおなかの中の七か月までの間、脳細胞が百二十億つくられていく過程に影響を受けるわけです。ですから妊娠中はとても健康に留意する必要があるんです。

それから、最近わかったことですが、今、ウイルス学会とか、免疫学会で、世界の学者たちが集まって研究しているエイズと、もう一つ、非淋菌性の性病が、アメリカの兵隊の中に蔓延しているそうです。もともとはアフリカの風土病だったそうですがその兵隊が、不特定多数を相手にする女性と交わって、それが日本にも入ってきた。これが胎児に影響するというのです。

一時、ピルというのがはやりましたね。これも何か影響があるようです。

このように、先天異常の原因は、いろいろで、複雑です。しかも、ふえている。百人ちゅう四人くらいが普通といわれていたのに百人ちゅう十人ちかく、一割になんなんとする状態ではないかと思います。全世界の統計がどのくらいかわかりませんので、厳密には言えませんが、私たちの目の前に現れる子どもだけでも、ずいぶんふえている。しかも、若い母親が、初産で先天異常の子どもを抱えて、途方にくれての相談を多く受けます。

アメリカで、『胎児からの警告』[*9]というすばらしい本が出ました。著者はクリストファー・ノーウッドという人で、これも一九八〇年です。この人が、アメリカで、科学部門に関する著書の中で最優秀賞をとってます。この人の調べはすごいなと思いました。アメリカで、枯葉剤をベトナムで使った兵隊が帰ってきて、同じような異常のある子どもが生まれるようになったのに着目したのです。卵子だけじゃなくて、精子が影響を受けるということがわかったわけですね。

この人はある企業の労働組合の援助を受けて調べたのですが、ダイオキシンなどを生産している工場で働いている男子に、無精子の人が非常にふえているのにおどろいたのです。こうした調査に応ずるというのは、よくよくのことがないと応じない。よほど政府に対して、こういう環境汚染は困るじゃないか、全世界の人類のためにも、こういう毒物をつくるのは困るじゃないかという姿勢がないと、精子を調べてくれと言ってくれないわけで、この調査は非常に困難をきわめているというのです。

この本には非常に詳しいデータが出ています。また先ごろなくなられた有吉佐和子さんの『複合汚染』も一つ大きな示唆を与えた本です。

ちょうど大島清先生が、『胎児からの子育て』[*10]を書いてくださったのでわかりやすく、保育者たちの手に届けることができましたけれども、『胎児からの警告』はその非常に詳しいものです。私が「みんなの保育大学」の九冊目にあたる『歯の健康と子どものからだ』[*11]の中にこの紹介をちょっと入れましたので、その本を読んでくだされば、胎児からのことについては、案外みなさんが理解してくださるんじゃないかと思います。

井尻――昔、日本で、〝胎教〟とよくいわれました。その一面は迷信的なものでした。たとえば、火事を見るとアザのある子が生まれるとか……。

斎藤――迷信といい切れないところもあると思うのです。最初にお話ししたように、恐怖に襲われることが、神経や胃に影響を与え、胎児にも伝わるということは、人によってはありうるわけですから。

それと、このごろは、新生児の顔にアザがありますと、神経内科のお医者さんは、すぐ脳損傷との関連を調べることがあります。

井尻――〝胎教〟というものが、体験的に言われていて、それが科学的に分析されていなかったのが、最近になって、母親のからだを通して、ホルモンとか、酵素とか、いろいろ胎児に影響してくることがわかって来た。そういう広い意味の胎教は確実にあるものだ。そういうことですね。

さらに、妊娠何か月かになると、胎児が外の音を聞いたり、直接外部の影響もうけますね。だから、昔いった胎教というものは、現代の科学の目で見ると、もっともっと分析され、研究され、重要視されなくてはならない、ということは、もう言っていいのでしょうね？

斎藤――そうですね。胎児からの問題に非常にスポットがあたってきたといっていいでしょう。

そういう意味で大島清先生の『胎児からの子育て』は、とても役に立ちます。

井尻――他の保育園はどうか知りませんが、これからの保育者というものは、いわゆる広い意味の胎教、しかも科学的な胎教に、もっともっと目を向けなくてはいけないということですね。

斎藤――そうです。そうなってくると、やはり環境汚染と闘う姿勢がないと、子どもの命は守れません。核の爆発を防げても胎児のこういう状態から、人類の滅亡が考えられるというぐらい、クリストファー・ノーウッドは、胎児が環境汚染を受けていることの心配を、実例をあげて書いています。

井尻――環境といった場合に、問題は二つからまっている。物理・化学的な自然環境と、もう一つは社会環境ですね。社会環境からくるものは……。

斎藤――ストレスは大きいですよ。私どもの調査表の中でも、人間関係のストレスが先天異常につながっています。さっきの胃とも関係あると思いますけれども。

井尻――僕ら、斎藤先生に会うと胃が重いから、ストレスじゃないかな？（笑い）。

斎藤――こういう実例があるんです。中学三年を受け持っている女の先生が、妊娠に気がついて、迷った。生まれるのは二月で、受験期の直前です。大事なときに産休に入らねばならない。どうしよう、どうしよう。生みたい。校長に言おうか、言うまいか。迷っているうちに、だんだん目立ってきますから、とうとう校長に話したら、ものすごい嫌な顔をされた。そこで、「最後まで授業いたしますから」と言い切って、直前まで授業をしたという先生です。生まれてきた赤ちゃんが大変な心臓奇形で、保育器に二か月。「とうとう一度も抱かずに死なしてしまいました」と言って、お母さんはげっそりやせましてね。そのかわり、生徒は全部入学させたらしいんですが、もう放心状態で、少し休職しました。

うちの保育園にきて、ゼロ歳児の部屋で赤ちゃんをみていました。しばらくいて、ようやく元気になって、また勤め始めましたけれども。これは妊娠初期の強いストレスがその原因になったのではないかと思います。

ゼロ歳児の保育

井尻——ゼロ歳児保育というのは、生まれた次の日でもいいのですか？

斎藤——いいえ、婦人労働者にはふつう、有給の産休というのがありますので、保育園は働いている人の子どもを預かりますから、昔は、四十三日目からでした。そのころになると母親もからだもしっかりしてきますので六週間たつと連れてきたんですけれども、今はそれがさらに延びまして、八週間まで認められてきたところがふえてきました。だから保育園には八週間、約二か月たってから来ます。子どもはまだ首がすわっていません。

井尻——素人が聞くと、ゼロ歳児といったら、オギャーと生まれて、すぐに連れてきてもいいかと思うのですが、わかりました。

斎藤——今、私たちは、生まれた直後のことからＮＨＫの赤ちゃん特集のビデオなどを見てもらって、お母さんや保育者に勉強してもらっています。生まれた直後の一時間が大事というので。

ですから、本当にお母さん教育が必要なんです。

お産のことも大島先生の本で学びましたけれども、水中出産とか、立ち産とか、ラマーズ法とか、そういうことは、大島先生の『胎児からの子育て』が非常に役に立ちました。

このあいだ、日本で水中出産の第一号があって、テレビで放映しましたので、私も見ましたが、大したものですよ。そういうお産は、だんだんはやると思います。

私が『子育て』[12]の中でちょっと紹介しましたが、岡山の国立病院の院長山内逸郎先生という、NHK記者の五つ子を知恵遅れにしないで育てた方が『母乳は愛のメッセージ』[13]という本を書かれてますが、この方はカンガルーの研究をされた方なんですね。カンガルーの子は超未熟児です。カンガルーは井尻先生の進化の話に関係しますけれども、哺乳類の非常に初期のものですね。有袋類で、袋の中で赤ちゃんを育てる。胎生なのですが、お腹の中に非常に短い期間しかいられないで、すぐ出てしまうんです。そのカンガルーを研究して、超未熟児の神経系が健常児と同じように育つためには、母乳が必要であることの理を研究された先生です。この山内先生も出演される〝赤ちゃん〟というテレビ特集があったんですが、これがなかなかすばらしい場面をうつしてくれているんです。生まれた直後にお母さんの目と自分の目を見合わすんです。焦点を合わすことができるんです。外国の実験でも、七か月の未熟児でもちゃんと見てる子どもがいました。ひと昔前は赤ちゃんは生まれた直後は目はまだ見えないといわれたものでした。しかし、あのテレビをみますと七か月の早産の子まで見るんです。生まれた直後に目と目を見合わす。ジーッと見る。これが神経系の発達をうながすのですね。

抱き方も、このごろは、おんぶのひもを使って赤ちゃんと見合えるように前に抱くのがはやりつつあって、ああ、よかったと思っていますが、うちの母は、私がお産のときに、よくそれを言った人なのです。ちゃんと目と目を見合わせてお乳をやるようにと。

ここに『子どもストレス時代』[*14]というおもしろい本がありますが、著者は国立小児病院の精神科医長です。その原因をいろいろマンガで書いてくれて、おもしろいんです。井尻先生と似ていて、マンガで説明する人なのです。

その中に、お母さんの授乳の図が描いてあります。このごろ、脳の発達のためには、子どもの手の発達が大事だ、大事だ、といって早くから赤ちゃんの手にミルクびんを持たせる人がいるんです。赤ちゃんを寝かせておいて、ミルクびんが横むきにならないようにひもで吊るして工夫して持たせたりするんです。そうしたら、それがマンガになっている。赤ちゃんにミルクびん持たせて、ひとりで飲ましておいて、お母さんは横をむいてタバコを吸っている絵なんです（笑い）。

しかし、こういうのは案外多いのです。赤ちゃんに、持たせておいて仕事をする。いまは母乳、母乳といわれるようになったけれども、でも、母乳を飲ませられる環境にない人もいるんです。働く人は、ほとんど人工栄養です。そうすると、手で持たせて、つっかい棒を置いたりするんです。保母さんの人数が少ないから。まさかタバコは吸いませんが、保母さんは、すぐ他の仕事をしてしまうんです。たとえミルクでも赤ちゃんの目をみるようにして語りかけながら授乳するのは大切なことです。

それで思い出しましたが、いまから三十年近く前のことですが、東京の武蔵野市で、初めて公立のゼロ歳児保育所ができて、評判になりました。ところが、外からの見学者は、細菌感染をおそれて、白衣に着がえさせられて入れると聞いて「まあ！」と思ったんです。往復は、親がバスや電車に乗って通うわけでしょう。雑菌のいっぱいあるところを通ってくるのに保育所の中だけ無菌状態にするなんて……。

うちは、そのころから赤ちゃん保育をしていましたが、土の上を這わせるので、ウンコから土が出てくるような保育でした。でも丈夫に育ちましたよ。当時は補助金もなく、人手が足りず、年長児がおぶいひもを持っていて、ひとりひとり弟妹たちとしておんぶしたりして、かわいがって育てていたのです。だから雑菌もいいところです。それが武蔵野では、総ガラスで、外界とシャット・アウト。外来者はなるべく入れない、入れるときは、消毒した白衣に着がえて入れるというから笑っていたのです。

二十年くらい前ですが、こんな話もありました。

埼玉の越ヶ谷で、何千万円だか億に近いお金をかけて、六十人定員の乳児専門の保育所をつくったというのです。そうしたら、そこの主任保母さんが、「ゼロ歳児保育反対」という意見をある有名な新聞に書いたのです。どうしてかというと、ここに通う赤ちゃんたちは、週末にはほとんどストレス状態で、神経症状が出て発熱をする子もいるというのです。だから、やっぱり赤ちゃんはお母さんが育てるのがいい、という記事が大きく出たんです。

それで私は、見学に行かしてほしいと電話を入れました。全職員で、バスを仕立てて行ったんです。だって、うちはそまつな施設なのに、産休あけの四十三日目からきている子が一番すばらしいんです。卒園式のときは保育年数の順に並べたので最初に並ぶわけです。みんなが、その子どもたちの全面発達に感心するんです。それなのに、そこでは週末には子どもが全部ノイローゼになるから、反対だという記事が出たから、どうしてなのかと思って、みんなで見に行ったのです。

団体で行くといったので、むこうの福祉事務所の所長さんが案内してくれました。見ると、鉄筋コンクリートで、全部高窓で、じゅうたんを敷きつめてあって、プラスチックのオモチャがいっぱい置いてある。ゼロ歳で入園しても、途中で一歳になる子がいますから、ヨチヨチ立って歩いている。それで、外を見よう、外を見ようと、空が見えるほうに行って、イスでもあると、はい上がろうとするんです。でも、外に出られない。

朝、お母さんが連れてくると、玄関におむつを替えるところがある。備えつけのおむつが置いてあって、そこでお母さんが全部着がえさせて、家からのものは持って帰る。公立だから、町でするのかどうか、ちゃんと替のおむつが置いてある。それで、保母さんが受け取るまで、お母さんは中に入らないようにしている。それで三対一、保母一人に子ども三人というわけです。私たちの園は子ども六人に一人の保育者でした。食事のイスは三つつながって固定してあって、ひとりひとり絶対に動けないようになっている。そして、保母さんがかわるがわる口に食べものを運んでいるのを、ああ、小鳥みたいだなと思って見たのです。

それから昼寝になった。大きな部屋に、鉄製のベッドがたくさん並んでいて、そのベッドの足に車がついている。どうするのかと思ったら、赤ちゃんをベッドに寝かして、保母さんがベッドをゆするんです。赤ちゃんを抱いてゆするんじゃなくて、ベッドごと、よしよしと言ってゆする。からだにはさわらないわけです。こんな調子で一週間ですから、週末に子どもが熱を出すのはあたりまえです（笑い）。

そんな施設に六千万円だか七千万円だかかけたと言ったから、「私なら、こんなむだなお金使わないでもっと数をつくる。ゼロ歳児室は木造の方がよい」と所長に言ったんです。うちはまだ民家を借りてますけれども、うちのほうが子どものためにはいいんじゃないかとしみじみ思ったんです。ゼロ歳児の保育園というのは、一戸の、ちょっと離れた安眠できる部屋があれば、そんなに何十人も集めない方がいいと思います。……そこは、越ヶ谷じゅうの、働く人の赤ちゃんをあずかるので、六十人もの赤ちゃんが集まっているのです。うちは、ゼロ歳から六歳までいて、兄弟姉妹のように六、七人ぐらいの赤ちゃんがいて、大きい子がおんぶしたりして、年上の子は、赤ちゃんを自分の弟妹のように面倒をみていました。私が腰痛のとき、赤ちゃんの着がえなどを六歳の子が手つだってくれました。給食の時のあと始末までしてくれる。それを見て親たちは、「ああ、好ましい風景だ」と、今でも当時の人はそういっています。

ですから、私のほうは、お金がなくて設備は悪いけれども、子どもの発達にはずっといいと思いました。ですから見学のあと率直に意見をのべたところ所長が怒りましてね。「僕は、金かけても、何度でも同じようなものをつくります」と言いたしましたよ。

私はお金がない間、長いこと民家でやっていたんです。さくらんぼ保育園もあまり設備のよくない、私の自宅でゼロ歳児の保育をやっていたんです。でも、必ず、戸外にすぐ出られるように、這って出られるように、水遊びに出られるように、陽がいつでも入るように、それと、騒音がないようにいつも気を配っていました。新しい〝さくらんぼ〟のゼロ歳児室をたてた理由は、大きい園児がふえましたので騒音がひどすぎてこれはいけないと思いまして、なるべく独立園舎にして、子どもたちが騒音から逃れるようにしたいと思って補助金が出る機会をまちました。つまり赤ちゃんは、午前、午後寝ます。大きい子どもたちと睡眠時間が違います。大きい子どもは午後だけ寝ます。午前中も静かに眠れる場所が必要です。それでゼロ歳児の保育室を、道をへだてたところに移しました。離れすぎているといって、職員たちの中には反対をする人もいましたけれど、でも、敷地がそれしかないので、そこに建てました。そうしたら、子どもがとてもよく安眠していいのです。ときどき、一歳以上の子どもたちのところへ遊びに行ったり、逆にゼロ歳児のところに大きい子たちが遊びに来たりしていますが、職員たちもせいせいしているのです。

園舎は中は木造で檜の床とたたみで、天井が高いし、東から南西まで陽が入るようになっているし、風は自然の風で、風通しがいいのです。夏でも、とても涼しい。そういうふうに、自然の冷暖房完備にしてあります。冬は陽が部屋の中まで入りますのであたたかい。夏は涼しい。腹這いの姿勢でも外のすてきな風景がみえるような建物です。

それから、ベッドを置かないのが、私の最初からの方針です。新生児で、狭い部屋のときは、踏まれるとたいへんとか、かじろうとする子どももいますから、木のベッドを置いたことがありますが、その木のベッドも、壁のそばに置いたときに、ちょっと赤ちゃんの動きがたりないと気がついて、すぐ変えて、壁面をなるべくなくして、快《こころよ》い刺激がまわりからいくようにしました。

さきに紹介したＮＨＫのテレビを見ましたら、赤ちゃんの喜びのとき手をふることが非常に発達に関係することが発表されていましたが、昔から私たちは、手のふりと表情の豊かさが消えたときに、ああ、たいへんと思って、ベッドの置き方などもいろいろ変えていました。今はベッドはありません。置いたときも、生後四十三日目できた子のために、わずか一、二か月くらい置いただけで、あと、首がすわるようになって、寝返りするようになったらベッドは置きません。狭いベッドに入れておきますと、寝返りして、出ることもできませんし、這い這いも十分にできないからです。

それに、ベッドにこだわっている施設に行ってみると、ベッドの下はホコリだらけで、そこを這っている子がいるんです。本当にかわいそうですよ。赤ちゃんの場合はほふく室の最低基準は一人一坪なんです。十人で十坪。それでは、十分ではないので赤ちゃんは寝室まではっていってしまいます。

それから、私のところでは、おしめもしないでパンツをはかせ身軽にさせて、十分動けるようにしています。

床に段差をつけていることについてですが、そもそもは、ごく自然に段差があったわけです。というのは、民家をつかっていましたから部屋から廊下に下りるときに段差がある、縁側からおりるときにも段差がある。床の間にも段差があります。出窓の段差も保育のためになりました。生まれてすぐの子どもも、原始反射で足を交互に出す能力をもっていることからもわかりますが、健常の子どもなら交互に足を出して這うものです。しかし、脳に麻痺のある子どもは、交互に出すことができないのです。段差は、こういう子どもの訓練に役立ちました。最近は、ハイハイ異常の子どもがふえてきつつありますので、新しく〝さくらんぼ〟のゼロ歳児室を建てたときには、わざわざ部屋の中に段差をつけておいたわけです。

多くの保育園では、鉄筋コンクリートでまったく段差なしの部屋をつくっています。最近はほとんど新建材で床を張り、その上にじゅうたんをはります。するとおむつは取れません。じゅうたんにしみ込んだオシッコのにおいは、たいへんですよ。それにじゅうたんも、一畳が何万円とか何十万円ものトルコじゅうたんなら気持ちがいいですが、それはできないから化繊でしょう。化繊のじゅうたんの肌ざわりの悪さ。私の園の、檜の床とか、たたみの感触とは大変ちがいます。その上に赤ちゃんに靴下をはかせるところもあるんですから、ほんとに気の毒です。また、庭は人工芝のところがあるから、悲しいですね。ヨロヨロッと転げる子どもを預かっているのに新建材を使う。あるいはコンクリートの上に直接板を張るような施設をつくる。だから、頭蓋骨折、ひび割れなんていうのが、ゼロ歳児保育によくある。それから、段差を高くして、落ちて頭にケガするとか、非常識なことばかりやってますよ。ほとんどのゼロ歳児室は危ないからといって、みんな柵をする。私はよく「目の前に五本の指をたててみなさい」と言うんですよ。こういう中に子どもを入れているんですよ、と。格子のはまった牢獄ですね。赤ちゃんが這っているときに、壁の腰が高いと「これも牢獄だね」と言うんです。「何で赤ちゃんを牢獄に入れるの？」「壁をお抜き」「柵をお取り」「危なくないから段差にしてやって」「庭を芝とか、やわらかい土とかにしてやって」――と言います。床もたたみとか、檜の木なら、転んでも転がってもケガしません。

近所の赤ちゃんの部屋は、もうほんとにひどいところが多いのです。

また、さくら・さくらんぼ保育園では、たとい人数が少なくても離乳食専用の人を置いています。月齢が違えば、食べるものが違います。あるところで幼児の給食をミキサーにかけて離乳食にしている、という話をききました。国がお金がないといって調理師を余分にはくれませんからね。

ですから、ゼロ歳児保育は、どこでもいいというわけにもいかないんです。といっても、結婚して子どもが生まれたから仕事をやめる、というのでは婦人の独立もありませんし、困る職場もあるわけです。

ちゃんとした、赤ちゃんの発達に見合った建物であるとか、施設であるとか、保母さん教育がほしいですね。

赤ちゃんの目と、こちらの目を見合わせて、絶えず赤ちゃんに目をそそいで、赤ちゃんが不快じゃないように、いつも快くほほえんで、喜んで運動できるような環境。ちょっと月齢の違う子どもと、顔と顔を見合ったり、抱き合ったり、オモチャを取り合ったり。赤ちゃんのときからそういう環境が保証されている子どもの場合は、人間性とか社会性などが、家庭で母と子二人だけで育ち、三歳になってから幼稚園に行く子と違いますね。ずっとすぐれていると思います。好ましい人間関係の中で育っていますから。

よき集団の中にあってこそ、個は伸びる、ということを、クルプスカヤが言っています。[*15] 彼女は〝群集本能〟という言葉を使っていますけれども、社会的な人間関係の中から引き出されていく模倣の力というのでしょう。瞬間模倣の力。小さい子どもは瞬間模倣をしますから。
ですから、こういうものが自然に引き出されていくような環境の中で、赤ちゃんから保育した子どもは、すばらしい神経系の発達がみられます。感覚神経と運動神経の両面の発達がすばらしい。

井尻——ゼロ歳の眠り、食物、遊び、音楽など、こういうものについて何か……。

斎藤——ゼロ歳の眠りは午前も午後もあります。そのために独立の園舎が必要なわけです。もう一つは、音の問題ですね。私が、わざわざ〝さくらんぼ〟の定員十五名のゼロ歳児室の敷地を一千坪にひろげたのはなぜかというと、音のためです。本当は二百坪ぐらいしか買ってなかったのを、両隣りと前の方の畠を借りたのです。道路側はやむを得ずすこし駐車場にしましたけれども、職員の駐車場にしてはならないと厳しく言って、親が朝送ってくるときと、迎えにくるときだけの駐車場で、職員のは別にしています。というのは、騒音と排気ガスの問題があるからです。また農機具の音を近くに入れさせないためです。それから洗濯機の音にも気をつかいます。子どもが帰ってから洗濯するように、というぐらい音に気をつけています。

井尻——そういう点が、他の保育園と違うところですね。

斎藤——それともう一つは、遊びです。ゼロ歳児も目がさめているときは遊ばなければなりません。うちには特有のリズム遊びがあります。これは本[*16]にしています、また、ハイハイ板や芝の斜面をつかって這い這いを重視したり、そこには、こちらからの働きかけと子どもの模倣とあります。リズム運動の寝返り運動とか、ハイハイ運動は、先生がいっしょにしながらやらせています。

オモチャはすべて木製のいいものを置いています。すべての感覚器官、手でさわったり、なめたりするので触覚とか視覚、聴覚等を発達させるためです。這い這いができるような広い檜の床面も段差も遊びの道具です。とくに発達のおくれている子どものためには、ハイハイ板と芝の斜面は有効です。

音楽は、器具を使わずに、先生の声で、しかも日本の言葉のリズムでわらべうたのリズムですね。先生が美しい声でうたってやったり、だいてゆすったりしてリズムを感じとらせています。

井尻——他の保育園では、ゼロ歳児に、何かむずかしい音楽を教えたりするところもあるのですか？

斎藤——さあ、才能教育でクラシックなどのレコードをきかせるところもあると思いますが、ほとんどの幼稚園がマイクでレコードを流して体操をさせたりするので、それがせまい敷地で乳児室もつづいていますので、赤ちゃんの耳にはそうしたレコードの音も、はいってしまうと思います。

お母さんでも、ロックの音楽をかけっぱなしの車に赤ちゃん乗せていたり、テレビの前に寝かせて、テレビをかけっぱなしで、ガチャガチャしたコマーシャルの音楽なんかを平気で聞かせている人が多いですね。

井尻——ゼロ歳児について、他の園ととくに違うところは、そんなところですか。

斎藤——オモチャの材質から、食べるものから、衣類から、みんな特別にえらんでるところでしょうか。うちは、プラスチック製のものは、さわらせないようにしています。ここで使っている木製玩具は、残念ですがヨーロッパ製品です。

保育室はごらんの通り檜の床で、庭は広い芝生でそのむこうに四季おりおりの色取りの花を咲かせる花木の植込みがあって、小さい時から自然の美しい色取りにかこまれて、豊かな感受性が育てられます。木にはいろんな鳥もきますし、小動物も種々、保育園では飼っていますので、散歩はとてもたのしみですし、その中でも、一番の特徴は、何といっても芝の斜面の部分でしょうか。初代の霊長類研究所長の近藤四郎先生が、一番ほめたのは、この斜面なんです。これは這いの蹴りのためですけれども、脳性麻痺が自然治癒できる。ゼロ歳児にはこうしたゆるやかな斜面が必要なんです。

赤ちゃんのオモチャは、木製で手で持てる軽いもので、しゃぶれるものでなくてはいけません。

しゃぶって遊びますから、染料も、いいものでなくてはいけません。色も生地のままならいいんでしょうが、赤とか単純な、原色のようなものに惹かれるようなので、塗料も良いものでなければならないでしょう。赤ちゃんは赤が好きです。赤とか橙《だいだい》というのは木の実の色ですよ。赤とか、黄色とか、橙、鳥がついばむ木の実の色を赤ちゃんも好みます。

ここにあるオモチャは、先ほども話しましたが、北欧とか東欧からくるんです。これはみんなゼロ歳児用で、赤ちゃんがしゃぶって遊びます。赤ちゃんの玩具は複雑な形はいりません。フレーベルの恩物というのも球体のものですけれども、赤ちゃんが一歳になって最初に描く絵は丸です。複雑な形は書けないんです。丸の認識なんです。木製の上質の玩具はコストが高くつくのか日本ではプラスチック製が多く困っていますが、ヨーロッパから輸入されるようになりありがたいと思っています。

私の園では、机、椅子も木製です。敷地内にある、さくらんぼ工房という木工所でつくるのです。だんだん他からも注文が来るようになりました。

何といっても、人間はゼロ歳のとき脳の重さが倍になる。それは脳細胞がふえるわけではなくて、グリア細胞から酸素とか栄養を送り込んで、そこに突起ができていく。この神経系が非常に急激に発達する時期なので、ありがたいことは、育て方がよければ、胎児のときのいろんな神経系の故障が治っていくことなんです。運動麻痺などの脳性麻痺を治癒する。あるいは、発達させる可塑性が高い。だから私はこの時期を重視しています。

そういう意味では、専門医の検診による早期発見と早期治療は、欠くことのできないものです。

大津市が四か月検診を始めて、そこで脳性麻痺で歩けない子を完全になくしています。

京都大学教授の田中昌人先生と私の対談が、今度『発達』[*17]20号―21号に掲載されております。そこでも述べましたが、ゼロ歳は脳の神経系の可塑性の大きいときなので、どうしても専門家がタッチしなければいけません。今は、遅れの固定化を防がなければなりません。遅れを固定化させてしまう場合が多いんです。ところが大津のように、行政が無料で全部の子どもを検診しますと、障害児は非常に少なくなってくるわけです。脳性麻痺の子どもが歩けるようになる。脳性麻痺は歩けない子が多いですから、一人も歩けない子がいないということは、すばらしいことなんです。それから田中先生は、まだそのほうの調査はしていないが、自閉症も減っているように思うとおっしゃっていました。これは母親がひとりでなやまなくてもよくなったことも関係していると思いますよ。

私のところでは、自閉症、脳性麻痺、てんかんの子どもたちも、乳児期から入園した子どもは、みなさんごらんになって、ほとんど障害児とわかりません。治癒状態です。それだけこのゼロ歳児保育の効果が大きい。すごいのです。だから、障害をもつ子どもの場合には、ともかく早期発見、早期治療をする。しかし、その治療が間違ったら困るのです。ゼロ歳で発見されながら、重度化している場合がやはりあります。

私の『子どもはえがく』[*18]という本に出てくるK子という子どもは、四か月で発見されたのに、最高といわれる治療機関に行っていながらよくならないで、首もすわらないでうちに来たのです。私は、一年でかなり治しました。これがゼロ歳からうちに来ていたら、完全に治癒したでしょう。

同じく『子どもはえがく』に紹介したある子どもは、二か月から預かったのですが、まったくすばらしく発達しました。保育者は、四歳までは容易じゃないといっていた子どもなのです。たぶん、この子どもも、放っておいたら、障害が固定化したかもしれません。

ですから、ゼロ歳というのは、非常に大事な時期です。

これは数年前みつけた『新生児の神経発達』[*19]という本ですが、内藤寿七郎という日赤の人が監修しています。

私が、ああ、これはすごいなと思ったのはスクリーニングという神経系の検査で、新生児の綿密な神経学的検査なんです。今まで不問に付されてきた多くの問題を解く、唯一の方法ですね。たとえば、難産だったからといって、大脳が損傷を受けているという証拠はないし、正常分娩でも、大脳が冒されていないという保証もないわけです。ふつう、難産だというとオヤ?と思いますけれども。

「正常分娩でも、大脳が冒されていないという保証はない。生育歴が危険を示唆することもあるが、神経学的検査だけが、大脳機能の状態を知らせてくれる。なぜかというと、生後十日間なら、神経系の機能不全を探知できるが、一たん人生の初期の段階が過ぎ去ると、神経系をのぞき込むことができた窓が閉じてしまい、大脳は正常にはたらき、数か月後には、機能不全が再び現われるかどうかわからないからである」——と書いてあります。だから、十日間すぎると正常に見えてしまうのです。

親のカンで、オヤ?と思う人がいるんです。お乳の飲み方とか、目をなかなか見てくれないとか、注意深い親がいるんです。ところが、医者に連れて行きますと、「いやァ、何でもないですね。ちょっと様子を見ましょう」となるんです。

もう少しこの本を引用すると――「たとえば、新生児非対象症候群が全身障害を示唆する全般的発達として現われ、なぜ片側麻痺として現われないのかといったことについては、神経学的検査だけがこたえてくれるからである」というのです。

うちで、「ヒトから人間になる」というテーマでお招きしている先生は、全国でも数少ない、ゼロ歳児検診をしていらっしゃるお医者さんで、林万リ先生という方ですが、今も全国では数が少ない小児神経内科医の一人です。こういう先生をお招きして診ていただいているんですが、神経系の機能検査はすごい検査ですよ。こういうことが、数年前西ドイツのボイタ医師の来日によって知らされるようになったのです。

この本[*20]の発刊が、昭和五十四年です。ちょうど「みんなの保育大学」が出たころです。私が、二番目の本[*21]の裏にデータを書きましたが、四十九年あたりから、職員の子どもたちの流産が続く。発達遅延の子どもたちが生まれてくる。それで、おや?と思ったのが、井尻先生をお招きする結果にもなったわけですが、そのころから、神経系の故障はどうして起きるのか、どうしたら見分けられるのか、ということの私自身の探求が始まったわけです。

そうなると、本当に医者の勉強です。だから、私の家に臨床医学の本を何冊も並べていますけれども、これはみんな新しい医学ですよ。医者の勉強をしたいくらいですが、私自身は、医者の勉強をこれからするわけにいきません。それで、一応、目の前にきている先天異常の子ども、あるいはゼロ歳で異常を発見された子どもを、どう健常に育てていくか、これの苦闘です。探求です。おかげさまで今までは成功してくれて、これはありがたいことだと思っています。スクリーニングを受けまして、医者から、脳性麻痺の危険とか、てんかんの重い発作が起きるだろうと宣言された子どもでも、ゼロ歳からうちにきた子どもは、すばらしく育っているんです。これはいつか、「続、さくら・さくらんぼの障害児保育」として出そうと思っています。

今までの障害児保育は、ほとんどゼロ歳児を抜きにして、三、四歳になって重くなってから相談にきて、保育がはじまるわけです。しかし私は、出産のときに異常があった子どもは、すぐ二か月から預かるようにすすめます。もちろん私が知った場合ですが。そのほか、四か月検診にひっかかった子どもも、神経科の指示を受けながら預かる。そうすると、目に見えて健常に育っていく。これは本当にありがたいですね。そういう意味では、一般のお母さんに、大津のように、専門の人を呼んで検診をしてくれということを、行政に対して要求させなくてはなりませんが、われわれのように専門に預かる者は、そこまでの機能を果たさなければいけないと思います。

『行動の胎生学』[*22]という本も出てますが、胎児から、神経系の故障を妊娠中に見つけたり、それを克服したり……。スクリーニングのやり方が、「みんなの保育大学」の裏に、一つの参考として出てます。今、その調査表をさらに詳しくしているんです。それを私たちがお母さんにきいてチェックするわけです。まず、赤ちゃんの調査が必要です。泣き声から何から、いろいろなことを観察する必要があります。吸啜《きゅうてつ》反射とか、モロー反射とか、いろいろな原始反射をしらべるのは、専門医でないとなかなかむずかしいですが、私たちができるのは視診です。あるいは、妊娠中のお母さんの健康状態、出産時の異常のあるなしなどを聞きます。そして、みんなチェックしておきます。悪い条件が三つ四つ重なった場合は、必ず専門医の診断を受けてくださいと言うんです。こうしませんと、あとでガクッと、いろいろなことしょうが出てくる。この本は非常に勉強になります。

こういうものを勉強しておかないと、本当は、ゼロ歳児保育やりますよ、というわけにいかないんじゃないかと思います。ただの預かり所ならそれでいいと思いますけれども、ゼロ歳の保育をするとなったら、いろいろな勉強をした人がキチッといないとだめです。社会主義国では、医師もちゃんといるし、看護婦もいるし、そういう勉強をした人がついていますが、日本の場合は、そこまでのお金がきませんからね。

一歳児の保育

井尻——それでは、一歳の保育に進んでいただきましょうか。

斎藤——ようやく歩けるようになった子が水のところに行くというのは、一歳の特徴ですね。ですから、必ず水遊び場をつくっています。

　水だから衣服を汚しますし、ぬれるし、真冬でもやるから鼻水が出る。「先生、たのむから、この子はきのう熱を出したから、水のところに連れていかないでください」といって、親は戦々恐々（笑い）。この闘いです。二月でも、寒いのに袖をまくってやっているのが『あすを拓く子ら』[*23]にあるこの写真です。これが一歳の子どもです。

　この、水の刺激が、皮膚の感覚を通して脳に送られるということが、最近、医学的にも、教育心理学的にも注目されるようになってきました。この〝皮膚からの水刺激を、足裏からでもよい、たっぷり受けた子どもは、自律神経がたくましく育つ〟これは、ごく最先端の、専門のお医者さんが言っていることなのです。喘息《ぜんそく》を治すとか、アレルギー体質を治すのに、水刺激が大事なんだということを言い出しています。ですから、私のところの保育が、ようやく医学的にも認められたと思っているところです。

近くの小児病院が、喘息を治すために私の園に患者をよこすのです。アレルギー疾患の子どもが治っていく。これは今までは、卵を食べちゃいけない、牛乳をのんではいけない、何食べちゃいけないといって、アレルギー反応をおこす食べ物制限ということだけで治療していたわけですが、それでは栄養不良になってしまうのです。ところが私のところに入園したアレルギー疾患の子どもがそんなに食物を制限しなくても治っていったりするので……。ふしぎがられます。

これは、もちろん食べ物もバランスが必要ですが、一つは、大いに水刺激を与えるからでしょう。素足で土の上で遊んだあと、廊下に、水でぬらした大きな足ふきを置いておくので、部屋にはいるときそれで足をふいて上がるようにするのです。そういうふうに、足裏からでも水刺激を与えるとか、一歳二歳の子どもたちはみんな靴も、もちろん靴下もはかずに、はだしで土を歩いています。石の上でも歩きます。そして、水で遊びます。そういうことが治療につながるようです。

水道の蛇口がどのくらいあるか、砂場のところに水があるか、ないかで、そこの保育者の心がわかります。砂場が乾いていたら、「保育者に保育する心がない」というぐらいに私は厳しいのです。砂場にしめりがあるか、ないか、でよくあそんだか、あそんでいないかがわかります。

私が以前ある園をやめさせられたのは、あまりにも水を使わせるためもあったんです。子ども

が水道をジャージャー出して遊ぶと、「斎藤さん、水道料がむだだ」と言うんです。すごいこわい園長で、いつも脅迫されていました。

そういえば、こんなことがありました。公立の園の保母さんがうちに勉強に来て、水をたくさん使わせるようにしたら、市費をむだに使わせているといって、議会で問題になったんだそうです。そうしたら市は蛇口を細くして、水の通りを悪くしてしまったというのです。いくらひねっても、水がチョロチョロしか出ない。そうすると子どもたちは欲求不満で、絵をかかせると画面をきたなくぬりつぶすのです。

〝さくら・さくらんぼ〟の水道料はすごいですよ。普通の保育園の数倍です。でも、それが、うちの子のあのすばらしい絵を生みだす原因の一つになっています。

子どもをよくみて、子どもの真の要求を大事にしなければならない、ということですね。一歳なら一歳の、本当の要求ってなんだろうな?と観察する姿勢ですね。

以前、ゼロ歳の赤ちゃんが這い這いするところに、低い柵を置いたことがあるのです。一歳に近づいた赤ちゃんは這っていって、外に出ようとすると、必ずそこにぶつかるので、「ああ、これはいけないな」と思って、柵を取ったのです。それで赤ちゃんはどこに行くかと思って見ていると、水道のところなんです。私はびっくりしましたね。必死になって這って行く。

そこで、ゼロ歳といっても途中で一歳になりますので、そばに水遊び場をつくってやりました。小さい子に合わせた高さにして、〝さくらんぼ〟のゼロ歳児の庭は丸い水遊び場にしました。角があると、まだよろけて危ないので。そうしたらもう満員ですよ。

井尻――一歳になると、そういうふうになるのですか?

斎藤――一歳というか、自分で移動できるようになるとそうです。水のところに行ってしまいます。

昔はお母さんがタライで洗濯をしていましたね。あのタライがいいですよ。木で、丸いですもの。赤ちゃんがころんだってそんなにケガをしません。お母さんがしゃがんで洗濯してますと、赤ちゃんはそこでまねをしようとします。ところが、今は洗濯機ですから。ふだん母親のそばにまつわりついてくる子が水遊びをするチャンスがありませんね。

井尻――水以外に、一歳の特色はなんですか。

斎藤――土でしょうか、あとは〝食《く》っちゃ寝《ね》〟ですから。起きているときは水と土。といっても模倣期ですからゼロ歳のときにも話しましたが、まわりにおとなや少し大きい子どもたちもいて仕事をしたりあそんだり、話をしたりの生活がなければ、人間として育っていかないのはいうまでもありませんが、一歳も後半になると、今度は泥と遊びます。でも、土で遊ぶにも水が必要になる。泥こね、泥団子づくりが始まりますが、まだ土をこねるだけの力がないので、やわらかい砂を使わせています。砂をこねるには水がないとだめなので、必ず水を運びます。一歳の子も、先生が水をはこべば、ヨタヨタしながら自分も水を運んでゆきます。私はホースではなく、小さ

い容器で水を運ばせています。ビシャビシャこぼしながら運んでゆきます。土も水も、生物にとっては生命をはぐくむものですもの。本能的なものでしょう。

井尻――土は二歳ですか、一歳ですか？

斎藤――一歳半から二歳です。ゼロ歳の後期から一歳は水。そのつぎに土。「子どもと水」、「子どもと土」にエッセイをかきました（『ヒトが人間になる』[24]）。

だいたい、よその園の砂場は小さいですね。コンクリートの縁があって、中に乾いた砂が入っている。そうして「水遊びしたら汚れるよ」なんて言っている。いやですね。私のところははだしで遊ばせますが、よそは靴はいて、帽子かぶせて、がんじがらめです。制服、制帽で、「汚れないように」なんて言っている。胸にハンカチつけていたら、みんな汚れてしまいますよ。だからといって、背中にハンカチをつける人もいるんですね。汚れるからと、安全ピンで背中にハンカチつけさせているところもあるけれども（笑い）、そんなものはいらない。まったく、名札とハンカチつけるのが、幼稚園のしきたりだと思っている……。

ところで、知恵遅れのある子どもは、二歳になっても、三歳になっても、四歳になっても、水から離れない子が多いのです。それが水から離れて泥と遊ぶようになるには、たいへんなんです。またある時、言葉のおくれのある子どもが入園してきましたが、その子どもは水たまりもよけ、嫌うんです。しかし、この子はお母さんがきれい好きすぎてのおくれとわかりました。この子どもは普通になりましたが、サラサラとした砂だけで遊んで水をつかわない子どもで、ほとんど言葉が出ない子もいるのです。いかに水と神経系の発達とのかかわりが深いかということです。

こういう子どもに会いました。自閉症で聾《ろう》という子どもで小学校の高学年でした。初めて養護学校が義務化されたために、それまで家庭におかれていた子どもが、東京の養護学校に来たのです。もちろん言葉のない子どもなのですが、いつも、ヒモで手をしばっている。ヒモがないときは手さげのヒモで手をしばってしまうのです。そしてそのまま、手さげを背にぶらさげ、絶対はなさない。うちに来るにも、そうやって、親と先生が連れてきました。ずっと、手をうしろにしばりつけたままですから、もう肩の骨がはずれているようになっているわけです。食事もそのまま食べる。とても私たちにはまねもむずかしいことです。

ヒモを解いたらどうなるかと聞いたら、すごく暴れ出してしまうというのです。寝るときもヒモを放さない。不安なんですね。私が、「ちょっとでもヒモを放すときがあるの?」と聞いたら、水に入っているときだけだって言うんです。おふろかプール。なるほどと思いました。全身が水を感じて安心感をもつ。魚が水の中にいる感覚でしょうね。赤ちゃんが胎児のとき羊水の中にいる、一番初歩の感覚です。全身が水を感ずるときだけ安心感がある。お医者さんも、よくスキンシップといいますね。皮膚をなでてあげなさいって。そのお母さんは絶えず、その子のからだじゅうをなでていました。子どもをピタッと自分のそばに抱きよせて、絶えず背中をなでながら、汽車に乗せて連れてきたんです。私は、夏だけのプールじゃなくて、冬も温水プールに入れたらどうか。水の中なら容易に運動もできるから、としかいえず、「サリバン先生のようにできるものならひとりあの子を育ててみたい」と思いました。学校の先生も、なんとかこの子を発達させたいと思って、また三年後に連れてきたのです。それで私が、「ためしにこのヒモをちょっとはずしてみて」とたのんでみましたら、やはり、すごい暴れかたでした。

今、そういう成人に近い、思春期になってきた子どもの精神障害で、大ケガをする介助員とか先生が何人もいるんです。力は強いからたいへんなんです。健常の子どもも校内暴力でたいへんだけれども、精神障害者を扱っている施設でも、ケガが絶えないそうです。命がけなんです。だからどうするかというと、ただ預かっておくだけなのです。何も方法がわからないという状態です。しばったら、しばりっぱなしとか、部屋に閉じ込めるか、鉄格子の中に入れるか、ベッドにしばりつけておくか……。これはゼロ歳から一歳の正しい保育をぬかした結果だと思われます。

井尻——一歳の保育で、先生のところが他のところと違う点は、泥んこ遊び、水遊びのほかに、何かあるのですか?

斎藤——よそは、年齢にかまわず、いっせいに保育をしてしまう。年齢や月齢にかまわず、同じ設定、同じワクにはめてやる。いやいや、おどろきますよ。

私は、水の時期、土の時期とか、眠りの時間帯とか、子どもの違いに応じた保育をします。

食事もゼロ歳は午前と午後の二回です。それを、よそはみんないっしょにしてしまう。同じ献立をミキサーにかけて離乳食にするとか、同じ歌をうたわせるとか、同じお話を、並べて静かに聞かせるとか、子どもの脳の発達段階をかまわず、一定時間同じテレビを見せるとか、こういうことが多いんじゃないですか。

うちは、五、六歳児、早く生まれた子と遅く生まれた子は、なるべく違うようにします。月数によって非常に発達が違いますから。子どもの様子をよく観察して、子どもを非常に大事に見て

いるところが、他と違うところですね。同じ年齢であっても、違う要求がある。発達の遅れがある子どもを、決して同じにしない。だから、うちの障害をもつ子どもがいきいきしているのはそこです。もし同じことを要求したら神経症をおこして、子どもの顔が暗くなります。だから、まだ、からだができないとか、脳の発達がそこまで至らなければできないことは、させないということなんです。できないことを強要するというのが、一般にあるんじゃないでしょうか。

教材の選定とか、時間の組み方にしても、同じことが言えると思います。食事の時間も、一定時間に全部そろわないと食べさせないところがある。うちは、年齢によってまったく違います。その子どもたちの活動量によって、食事時間もだんだん違ってくるので、いっせいに皆そろって食べるなんていうことは、六歳ごろにならないとしません。

赤ちゃんは、お腹がすくと、すぐ手でつかんで食べます。そうすると、パチンとたたいて待たせる園がよくあるんです。赤ちゃんが手でつかもうとすると、「お手々おひざ」と言って待たせる。そして「さあさ、お昼になりました」なんてオルガンを弾いて、いっせいに「いただきます」なんて言って、これがしつけだと思っている。赤ちゃんが手を出してくれたら、ああ、お腹すいてくれたか、ああ、食べたいのか、と喜んでくれればいいのに、しつけだというのです。そういうことが、どの年齢にも通じてあるんじゃないかと思います。

二歳〜五歳児の保育

井尻——二歳からうえの保育についてと、この保育園の、よそと違うところを聞かせてください。

斎藤——二歳、三歳、四歳は、大まかにいえば、〝食っちゃ寝〟ですが、その間、めざめている時間がだんだん長くなりますから、起きている時間に、おとながどんな生活環境を保証し、どんな遊び、どんな文化を教えていくかということです。これは容易なことではありませんよ。

小さい子どもは少しでもじっとすることなくまわりの人のまねをして、あそびを覚えていきます。年上の子どもたちが遊んでいるのを見て、まねをする場合もありますけれども、おとなが、どういう生活をするか——それが大事なんです。

部屋をきれいに掃除したり、花に水をやったり、畑仕事を一生懸命やったり、雑巾がけをしたり、ふとんを干したり入れたり……そういうふうにおとながセッセコセッセコ働くのを、子どもたちはちょこちょこ手伝ってまねをして、ほめられて喜んだりします。

その間に「絵描きたい？　じゃどうぞ」といって四つぎり（B３サイズ）の更紙とクレヨンを出すと何枚もマルや人のかおをかきます。「すごいなあー」なんて言って、日付け書いて、資料のために取っておきます。あるいは「ああ、外は気持ちいいな。散歩にゆこう。ヤギ見に行こう。アヒルちゃんのところ見に行こう」とか言いながら歩かせたり、「お山に登ってみよう。ヨーイ・ドン。だれが早いかな」なんて言ってかけて行く。発達を保証するのに、「さあ、これから足を強くしますから、ここを登りなさい。さあ、かけましょう」なんて命令するようなことはないですよ、うちでは。先生がちゃんとそんなことは頭に入れながら、遊びの中で発達を保証するような環境をつくって、そこで遊ばせるというのが五歳まで続きます。

そして、だんだん、散歩も遠出をさせたり、草を取ってカゴを編んだり、草笛をふいてみせたり、石で遊ぶ、虫で遊ぶ。わらで虫カゴつくるとか、そんなことをして遊んでいます。遊び文化を身につけていない保母さんでは、遊べません。

三歳の後半から四歳ごろになってじゃんけんができるようになると、鬼ごっことか隠れんぼとかヘビオニなどの遊びができるようになります。

つまり四歳すぎると、ルールが守れるから遊べるようになるわけです。そして、遊びほうけるわけです。それが五歳くらいまで続きます。

ですから、この〝さくら・さくらんぼ〟の環境づくりを見てください。芝生の庭の萩が隠れんぼに絶好なのです。芝ですからはだしです。〝第二さくら〟のとなりはすすきが原です。自然の、こういう隠れんぼのできる環境をつくって、先生が先に立って遊べば時間のたつのを忘れますよ。良寛さんのように遊ぶんです。

井尻——よそでは、どういうことをしているのですか。

斎藤——施設がせまい中に大ぜいですから、みんな遊ばせたらたいへんなさわぎです。ただ、ケガがないように机の前に座らせて、いっせいに何かさせるより時間がすごせないでしょう。また、遊び文化をしらない人は、年齢も考えず〝さくらんぼ〟をみに行ったら縄飛びしていたから、縄飛びさせようとか、側転やっていたから側転させるとか。発達を見ないで、何でも人まねをする。あるいは、運動会をやって「運動会の絵かいてごらんなさい」なんて、課題を出して強制的に絵をかかせる。この年齢にはとんでもないですね。

二歳児に、課題として風船を描けとか、花火大会を見たら「花火をかいてごらん」だとか。……みんな愚かなことをやっています。いっせいの課題で動かし、命令でいうことをきかす。そんなことをやっています。自然環境をこれだけつくることは、今はたいへんなことです。地価は高いし、道は車であぶないし。

子どもたちが、友だちとたのしく一日じゅう遊べるような環境をつくらなくてはね。そして、先生だって遊びを知らなくては。しかし、この事は今はとてもむずかしいことなのです。

またうちのリズム運動は、昔は野山で子どもたちが遊ぶ中で自然に身についたものです。系統発生の発達段階——魚が移動につかう背骨をくねくねの金魚運動からハイハイ運動。そういう土台の運動も、家庭の中で自然にやっていたことができなくなっているこのごろなので、やっているんです。〝さくら・さくらんぼ〟のリズム運動というのは、ほとんど今まで自然のあそびの中で身につけられていたものです。五歳までは、よく同じことを毎日あきずに野山で遊びましたよ。そのくらい、やるんです。そうですよ、私の小さいころはよく同じことを毎日やっているとみんなが笑うくらい、やるんです。そうですよ、私の小さいころはよく同じことを毎日やっているとみんなが笑うく

毎日が、すばらしい身のうごきができる六歳を生むのです。つい先日も、小学校、中学校の校長先生とか、教育委員会の人たちが見にきたんです。年長児の四、五、六、七、八、九月生まれの子たちはもう六歳になっていましたから、コマネチ級の子がいるわけです。びっくりして、「こういう子どもたちを特別に教育して、オリンピックに出したらいかがですか」と言った人がいました。「すばらしいでしょうね」と。私は、「うちの卒園生は、運動競技を職業にする子は今までないんです。運動は万能だけれども、意外と理数科とか、理化学系とか、そういう方面にゆく子

が多いんですね。もちろん商家をつぐ子どもも多いのですが医師とか、技術者とか、教師とか、教師の中でも障害児教育を特別に希望してくれた子どもも数人います。研究者とか、そういう道に行く子どもがいるんですよ。もちろん芸術家になる子もいますけれど」と言ったら、「へえ！」なんて言ってました。すごい運動神経で、素敵ですよ。

井尻——いわゆる労働に属するものは、三歳くらいから、ボチボチやらせるのですか。

斎藤——これは、倉橋惣三の偉いところだと思っていますが、「先生というのは、先に生きているものなんだ。先に生活しているのが先生だ」と教えてくれたのです。

つまり、おとなが〝教える〟つもりでやったらだめなんです。先生が〝生活〟していなくては。ですから、私は、保母さんに「朝、子どもの見えるところで掃除をおし」といいます。よそは、子どもが帰ってから掃除しますが、もったいないことです。子どもに労働を見せなければ。ですから、うちの先生は、朝きてから掃除を始めますよ。ホウキを使う。すると〝模倣〟が始まります。一歳後半の子どもでも、ふとんをヨチヨチ運んだり、雑巾もってふくまねをします。一歳児が、「ヨイショ、ヨイショ」なんて運んでいる。こんな小さい子だって、ホウキではくまねもします。

おとなは、子どもの前で働かなければだめです。働けば、子どもはまねをします。これは課業としてやらせるのではありません。課業としてやるのは年長児からです。でも大きい子どもがやれば、自然と小さい子もまねをしますよ。必ずしなければならない課業としては就学前の子ども（六歳児）にだけです。

畑も、五、六歳の子はうまいですよ。うちでは一歳児の畑だって立派なものです。一歳児でも先生が畑へ連れて行くのです。そして、先生が草を取ったり種をまいたりしていると、まねをして遊んでいます。あそびですよ。

子どもは、最初働いていても、すぐ投げ捨てて、虫をみつけたら遊んでしまいます。その、虫をみつけて遊ぶ子に「ホラ、やりなさい、やりなさい！」と言ったって、子どもはだめです。おとなが一生懸命にやれば、いつの間にか子どもも上手にまねて、ともかくも収穫物があるのですよ。そうすると子どもも、おとなも大きいよろこびがあり、またつらいと思う仕事にもはりが出るんです。

一歳児にまで、収穫して食べるまでの労働を見せることが大切です。二歳以上には、もちろん、できる範囲で手伝いもさせる。しかし、それを〝課業〟でさせるとか、させないかは別です。障害をもつ子にも課業でさせたら、かわいそうな場合があります。遊びでまねをしています。同じ年長でも、課業でやれる子と、かえって邪魔でも先生のそばに行って、手を出して、みんなが、よくできた、よくできたと、喜んでほめたりする子もいるのです。

ですから、うちでは、一歳が雑巾持ってビショビショにしても、「まあ、偉いね。一緒にお手伝いしてる？」と言うと、喜びますよ。「あんたたち、まだ早いんだからしないの！」なんて言いません。

すべての生活が、一歳でも二歳でも、それなりにあるんです。絵もこの二歳から五歳までは課題画でなく好き勝手に、紙を持ってきて描いています。一歳だから早いとか、一歳だからどうの、なんて言いません。ただ、口に入れて噛んでしまう時期は、クレヨンを与えられません。それを過ぎたら好きにさせる。おとなのやる生活を、みんなまねしてやりますけれども、それを課業としてやらせることはありません。絵にしても何にしても。

歌も、一緒にいろいろなやさしい歌を、散歩のときに歌ったりしますけれども、ピアノの前にすわって「さあ歌いましょう」なんていうことはやってません。年長児はやりますよ。年長児の歌うのをきいて、年下の子どもは自然におぼえて歌っています。小さい子は、大きい子どもの口まねして歌っているようなものです。

何でもそうです。みんなまね。まねで遊んでいる。映画『さくらんぼ坊や』パート2は〝模倣と自立〟という題をつけています。うちでは、おとなも、遊ぶときは遊ぶけれども、仕事もずいぶんします。おとなが仕事をしなくてはだめです。そこが違うんじゃないですか。
　よその多くの保育園では、何かさせようとするんじゃないですか。小さい年齢のときに、形のあるものを作らせようとしたり、折り紙を教えようとしたり、だから、二歳にライスカレーをつくらせたとか、手労働のために包丁を持たせたとか、労働が大事だといって、二歳に田植えさせたとか……。

井尻――山登りは、何歳くらいからやるのですか。

斎藤――ゼロ歳の後半、高這いをするようになったら、やります。高いところに登りたいという欲求は、みんなありますもの。

井尻――つぎは、「六歳の保育」についてですが、今までのところで、補足することはありますか。

斎藤――もう一つ、私が大事に思うことがあります。同じく『さくらんぼ坊や』パート3は〝ことばと自我〟パート4・5は、〝四歳と仲間〟〝五歳と仲間〟とありますように、急激なことばの発達の時期であり、自我がめばえる時であり、仲間なくしては遊べない時期だという事の認識がたいへん大切なことです。
　私が学習会でテキストにしていた「柳田謙十郎著作集」の中に『倫理学』[*25]というのがあります。この中に、原始共同体社会、奴隷制社会、封建制社会などに至るまでの人間の意識の変化ということが書いてあるのです。
　原始共同体の、非常に未開の時代には、「死者は再びその家族の中に生まれると考えられ、したがって、新たな子が生まれると、死者の名前と職能と紋が与えられる。個人の数、名前の数、魂の数、役目の数は、同一の氏族の中ではきまっていて、氏族の生命はつねに同じ個人の出産と死の全体にほかならないと考えられる」とあります。

つまり、個としての人間はなく、一つの集団表象として、一族の中のものという考え方をしている。そういう意識しかない状態から奴隷制をへて、封建制時代に入っています。封建社会では身分制があって、これは変えられない。また、生命を捨ててでも主に従うという上からの規律に拘束されている。

これから、近代社会になって、個が尊重されてきます。ルソーの「人間は、生まれながらにして平等だ」という思想が蔓延してきます。そしてフランス革命が起きたりして、近代社会が生まれてくる。そこに個の確立ということが大きな問題になってきました。大正デモクラシー時代の〝新教育〟がそうでしたね。

小さい、赤ちゃんのときは、絶対に人のあとをついていきます。何でも模倣する時代なんです。親から飛び離れていくことはないんです。ヒヨコが親のあとをついて行くのと同じで、まねをします。おじいちゃんが腰を曲げて迎えにくると一歳の子どもまで、腰を曲げてついていきます。すごいまねの力ですよ。歩き方までまねをします。だから、私はよく、「子犬を育てるのに垣根はいらないよ。親さえしばっておけば、必ずそばにいるよ」と言いますけれども、それと同じなんです。

そのつぎは「イヤ」です。二歳後半ぐらいになりますと、何でも「イヤ」と言います。「ご飯おあがり」と言うと「イヤ！」。「そう！　食べなくていいよ」と言うと「食べる！」と、こうですね。だからうちの親たちはだんだん利口になって、朝、「早く起きな」って言わないんです。「いつまで寝ててもいいよ」って言うと、「起きる」、「赤ちゃんだから、着せてあげるからおいで」と言うと、「一人で着る」と、こうなる。わざと反対言うと、みんなやる。だから利口な親は、「早く」と言わないんです。「ゆっくりしていいよ。保育園も行かなくていいよ。寝ていな」と言うと「起きる。行く」と、こうなる。そういうときがあるんです。

私は先ほど、二、三、四、五歳の時期を〝食っちゃ寝〟の時期といいましたが、もちろん、幼い子どもは脳神経系が急激に発達する時ですから、栄養と睡眠がとくに大切なので、こういうのですが、もう一つ、これくらいゆったりと考えて保育する、ということなんです。何かやらせなくては、課題を与えて机の前に座らせておかなくては、と考えず、子どもの〝内なる自然〟をよく観察し、しゃべりたい時はよくきいてやり、高い所にのぼりたい時期はのぼらせ、とんだりはねたりしたい時に窮屈な衣類でしばりつけたり、しつけしつけでおとなしくいう事をきかせたりしないということなんです。〝ことば〟と〝自我〟、そして〝仲間〟の大切さをよくかみしめて、育ててほしいということなのです。

おとなのいうことをよくきいて、自分勝手にしないというしつけをすることが保育だと思っている人が、多いんですよ。日本の幼稚園や保育園には、身分制、封建制がまだまだ残っているんです。

社会体制は変わっても、人間の意識を変えるには、時間がかかるのですね。教育の中身は変わったはずなのに、たとえば「教育勅語」をなつかしがっている人がまだ支配層にもいます。人間の意識を根底から変えていくとか、文化の中身をいろいろ変えていくというのは、たいへんなことです。政治形態がパッと変わったからといって、それぞれの人間の意識がパッと変わるわけではない。

井尻――それを焦ってやったのが毛沢東の文化大改革だったのでしょうね。

斎藤――そうでしょうね。私そう思います。

試行錯誤しながら、社会主義体制も進んでいる。ソビエトも、その誤りがありました。たとえば、土地公有制というのを強行突破して、農民の反発を食って、それをまた少し戻すとか……。だから今も、社会主義体制は完璧ではありませんよ。いろいろな誤りを犯しています。

近代国家である日本の、保育園、幼稚園でも、身分制、封建性が残っていて、これが園児の個の確立を邪魔しています。

園長のことを、うちみたいに「斎藤」なんていったらたいへんですよ。身分制ですからね。「斎藤先生」とさえ言わせません。「園長先生」とか、「園長先生さま」なんて「さま」までつくところがありますよ。まあこれはじょうだんですが、それくらい役職でものをいおうとおさえつけるわけです。「主任先生」とか「用務員さん」といって、名前を呼ばない。民主的な教育をしていると思われるようなところでさえ、こんな現状のところがあります。そういう園では、拘束が多く、すべてが命令で動きます。

それが、ここではごく自然に「サイトウ」となるわけです。つまり、上に立つ者の考え方なんでしょう。私は、「園長先生」と言われたら、ゾッとします。快、不快の感がわりに民主的なんです。それは大正デモクラシー時期の幼年期の育ちだと思います。

井尻——先ほど先生が、小さいときは、すぐまねをして、くっついて歩くと言われましたが、それが日本ではおとなにまで残ってますね。たとえば団体旅行のときとか。

斎藤——そうです。団体さま。恥ずかしい。海外旅行はほとんど団体さま。もっとも、言葉が不自由という点もありますけれど。

井尻——だから、まだ個性を確立するまでいってないわけです。

斎藤——私が保母さんのリズム運動を指導するとき「一人で、だれもいない方向に歩いてみなさい。人のあとをついて歩かないで、自由な方向に歩いてみなさい」というと、できないでそばの人についてあるく人が多いんです。「何で魚みたいにくっついて歩くの」というんです。魚って、水族館に行って見るとみんなあとについて泳いでますね。「保母さんがまだ魚の脳だね」なんて私はじょうだんを言うことがあるんです。それほど自分で考えて行動する習慣がついていないんです。

こういう人が子どもを保育するのですから……。子どもたちが自分のあとをくっついてこないと、快感を味わえないのじゃないですか。好き勝手なことをすると〝はみ出しっ子〟としか見ることができない。

こうした〝ことばと自我〟〝仲間と一緒の遊び〟が五歳までつづくのですが、五歳といえば就学前の年長児の秋ごろまでという長い間ですから、子どもの〝内なる自然〟をみつめての保育は、いそぐ親たちの説得が、大いに必要ということにもなります。

子どもと絵

井尻――斎藤先生のところでは、小さいときから、絵をたくさん描いていますね。

斎藤――ええ。絵を描くとか、何かつくるとかいうことについてはとても意欲的ですね。大きい子どもたちは今ちょっとの間もおしむようにして描いていますが、小さいヨチヨチとあるきはじめたばかりの一歳の子が、どうして絵を描こうとするのか？　まわりにかく道具が置いてあるからでもありましょうが、模倣期とはいえ、中からの必然のような気さえします。

生まれたときから眼にうつっていたもの、脳裏に焼きついたものを描いてたしかめているとでもいうふうに。人間の文化のはじまりのようにおもわれます。大昔の人たちのえがきはじめは、一体どうだったんだろうかと思います。

最近、タイの奥地で〝幻の民〟が発見されて、――私はテレビで見たのですが――まったく描いたことのないその人たちに、かく物を与えてみたら、おとなが、ちょうどこちらの二歳か三歳の絵を描いていました。おもしろいですね。まだ小動物や植物の採集だけで暮している段階で、大型のけものの狩りはしない人たちなんです。初めて描いたものが、二歳半くらいの絵でした。

井尻――ぼくもやったことがあります。ニューギニヤの原住民に初めて鉛筆を持たせて描かせてみたら、非常に意外だったのですが、鳥とか、その他自分たちの食糧をかきました。

斎藤――つまり、ふだん見ているものですね。

井尻――丸を描くので、それは何だ?と聞いたら、太陽だというのです。あと、生活に関係したものを、一歳か二歳児のかくようなものを描きます。これは何だ?と聞かないとわからないようなものを描きました。

斎藤――うちの子たちもそうです。「これなあに?」というと、お母さん描いたとか、何描いたとか、いろいろ言いますけれど、二歳児のころは、まだ、マルか、それにちょっと棒が出た程度のものを描いています[*18]。

井尻――一歳はどれですか。

斎藤――これが満一歳。一歳二、三か月になると、左右に腕をふってグジャグジャとかきます。一歳後半になるとグルグルグルと腕をまわします。一歳十一か月の子どもは、こんな絵にもう自分の意志でマルの線をとめています。

二歳になるとほとんどの子どもは、目的意識的にマルを描き意味づけをしていますが、二歳すぎてもこうしたマルが出てこない場合、どこかに発達のもつれがあるのかな?と、注意深く出産状況とか生育歴をみてみるんです。本書の一歳後半の中で、一歳十か月で一歳前半のような腕の横ふりの絵を描いている子どもは、非常に重い知恵遅れの子どもなんです。ふつう、満一歳前後はまだ線にならない点を、いくつも描いているようですが、一歳二、三か月になるともう線になってゆきます。脳性麻痺とかてんかん発作のある子どもは、一歳の後半近くなっても、ただチョンチョンとやるだけで、線がつながらない絵を描くので、私はオヤ?とうたがってみて、その子をよく観察し、うたがわしい点があると、専門医にみてもらったりして早く発見できたりするんです。線の左右の横ふり段階では、言葉が出ません。養護学校で絵をみせてもらうのですが、左右にぬりたくるような絵を描いている子について「何歳ですか?」と聞いたら、「十歳です」といいますので、「言葉は?」ときくとやはり「出ない」との答えがかえってきます。マルを書いている子どもを「何歳ですか?」とききますと、「十二歳です」というので、「言葉はもう出るでしょう?」とききますとやはり「はい。カタコトが出ています」ということばがかえってきます。つまり、子どもの描画と認識度とは、非常につながりがあるわけです。

井尻――他の保育園では、そのことについてはあまり文句を言わないのですか。これは丸いから、うまく書きなさいとか。

斎藤――そういうところもあるけれども、一、二歳のころに自然発生的においておくと、ほとんど全世界が一緒なんです。ここまではあんまり変わらない。しかし、出生の異常とか、いろいろの問題はありますけれども、二歳後半から三歳になると、それまでの保育のあり方で描画がちがってくるんです。それまでの土台つまり、どれだけ豊かな感性が育てられてきたかが、だんだんと中身に出てくるんです。

井尻――保育園のやり方が出てくるのですか。
斎藤――保育園のやり方、家庭の状況、脳障害の有無全部出ます。
井尻――二、三歳から出る？
斎藤――もちろん前にもいいましたが、見てもわかりますが、そうですね、三歳ごろから同じ健常児にでもちがいが出てきますね。二歳でマルが出ない場合には、若干遅れがあるけれども、そんなに気にかけなくてもその後の育ちでおいつける場合が多いですけれど。三歳までの育ちが『ヒトが人間になる』の中にあるような生活をさせた子とさせない子では、ずいぶんちがいが出てきますね。先ほど一歳十か月で一歳二、三か月のような線を描いていたこの子どもは最重度の脳損傷でしたが六歳でやっとマルが書けるような段階までできました。言葉も、二語文、三語文が話せるようになり、歩けるようになってきました。よくここまでのびてきました。

井尻——三歳の子どもの絵を見て、この保育園は、いい保育園かどうかわかりますか。

斎藤——わかりますね。絵の中に仲間が何人か出ていれば、日常、遊んでいる。ところが車だけとか一人ぼっちの絵を描く子が多いのです。さびしいんです。これはたいへんなことです。

子どもの絵は、すべての保育の結果描かれるものですから、私たちの保育園では、子どもの絵を見て、職員が話しあいます。問題を感じたとき、脳に損傷はないか、家庭の事情はどうか、クラス全体がたのしく遊んでいるか、子どもたちと先生がしっくりいっているか——など、職員全員で原因を考えて、ひとりひとりに適切な働きかけができているか、適切な環境であるか、適切な集団があるかなどを検討します。

二歳のあいだは、ほとんどまわりの人間を描きます。これは二歳になって認識したものというより、ゼロ歳から積み重ねた認識でしょうね。ずっと見ているもの、常時見ているものを、脳がイメージ化するのでしょうね。これを表現したいという欲求は、すごい欲求です。形あるものを描くとき、まず人間の顔をかくんですね。

三歳になってからは、まだ顔から直接、手・足の人間ですが、家族や大ぜいの友だちを描いたり、自分が日ごろ手にしてあそぶもの、わたしの園では車の玩具ではなく、虫とか小動物なんです。この絵はカエルです。「エビガニを見ている友だちとぼく」というように、三歳後半になりますと、こうしたまわりの生きている小動物に興味が出てきます。

『子どもはえがく』の四歳になると、アヒル、ネコ、クジャク。そして人間の胴体がはじめて出てきています。上に兄や姉のいる子どもなどは、三歳後半で胴体が出ている子もいますが、「道を歩くぼくたち」とか、そして、カニ、ゾウ、カメとかいうふうに、視野がずっと広がってきます。自分の足で歩いて認識したものの範囲になるようですね。ですから、どれだけこうした幼児期に豊かな環境が与えられているかですね。

わたしたちの園では六歳ぐらいになりますと、足で歩いたところがだんだんひろがります。しかし、都会の中の子どもは、うちの園の子どもたちほどには描かない園がいっぱいです。当然と思いますが、足で歩いていないから、『子どもはえがく』の六歳のここまでいきません。

井尻――色の問題はどうなのですか。

斎藤――色は、近藤先生も、小児の眼科の先生も、言っていましたが、六歳にならないと複雑な色は見えないそうです。ただゼロ歳の赤ちゃんは単純な赤とか黄などはわかるようで、このみますが。

井尻――色は自由に選ぶのですか。

斎藤――もちろん、自由でなければなりません。多くの色をおいても小さい子どもは、単純な色を一色しか取りません。人間でも赤で描いたり青で描いたり。エビガニも人間も、みんな一色でしか描かない。対象物を見て描いているわけではなく、自分の好きな色で描いているのですね。エビガニも緑だったり、ゾウが赤かったり、ネコが橙色だったり、クジャクが黒だったり。まだ対象物の色がわからないのです。しかし、子どもには好みの色があるようですね。だから、眼がちゃんと発達しているかというと、赤い色がわかるか、黄色い色がわかるか、という程度です。

それから、私は気づいたのですが、栄養不良の子どもはなぜか赤ちゃんたちなら誰でもこのむ〝赤〟とか〝黄〟とか〝緑〟などの色はとらない子が多いようです。

最近、『週刊朝日』に「名医に聞く」という連載があって面白くよんだのですが、眼科のお医者さんも、子どもの目の発達について、――おとなのあごになりかかって、乳歯が永久歯にかわりはじめるころにならないと、目もおとなのように複雑には見えない。赤とか黄とか、単純なものには惹かれるけれど、赤なら赤の複雑な、いろいろな違いや、緑のいろいろな違い、虹の色のような、織りまざった複雑な色は認識できない――といっています。

また、わたしは多くの子どもたちのえらぶ絵の色をみてきて、面白いことに気がついたんです。気の弱いごくごく内気な場合〝白〟をえらぶ子が多いんですね。もちろんもう三、四歳すぎてからですが。ですから絵をかかすときは、せめて十色か十二色のクレヨンかポスターカラーなど揃えるようにしたいですね。

六歳になりますと、複雑な色も識別できるようにふつうならなるわけですから、わたしの園では、十二色以上の水彩えのぐを与えていますが。

——（『子どもはえがく』参照）——

六歳児の保育

井尻——では、六歳に入っていただきましょうか。

斎藤——六歳といいますと、アルタミラの洞窟の絵くらいすばらしい生活の絵を描いて、やがて文字を生み出した人間、抽象的思考のできる人間に入りかかる時期です。もっとも、これがちゃんとできるのは、井尻先生がおっしゃるように、十一、二歳だと思いますが、六歳になれば、そろそろ一万年前に出現したといわれる現代のヒトの脳になる、もう九〇％の脳中枢の神経系はできるといわれます。私は六歳になって乳歯が抜けかわるころからの教育は〝秒読み保育〟というぐらい、毎日がたのしみな保育期間です。

現代のヒトの脳中枢がほぼ、でき上がるとなると、なんといっても、そこで問題になるのは、教師です。育てる人の文化の問題といいますか……。教師の質が問われます。もちろん赤ちゃんからもそうですが。

しかし、そのすばらしい教師だって、もともとすばらしかったのではなく、やはり、育てられた人です。その人も〝育った〟わけです。

群馬県島小の校長だった斎藤喜博さんという方は、『斎藤喜博全集』[*26]が出ていますが、戦後小学校の公教育の中で、すばらしい足跡をのこされた方です。しかしもともとはアララギの歌人として有名な人でした。そういう深みをもっている。大正デモクラシー時期の影響を受けた人なのですね。私の母も大正デモクラシーの時期の教師で、大正時代の〝新教育〟の影響を受けています。今、この〝新教育〟が、「生活綴方《つづりかた》」「生活教育」を生んだ源流としてスポットがあたりはじめてきましたね。[*27]

父は美術工芸の研究をしていたので、家には、その関係の世界各国の資料が山積みにありまして、私はそれを見て育ちました。

父母が私たちに与えてくれる紙は、非常に良質な和紙で、ふつうの西洋紙とかではなかったのです。貧しくても、子どもたちの手にふれるものは上質のものを、と考えてくれていました。財産はない家庭でしたが、大正時代のまあ、インテリ家庭だったのでしょうね。

絵本にしても『こどものくに』とか、アルスの「児童文庫」などを与えられました。夏目漱石の初版本が復刻版で出ていますが、当時の紙は上質の和紙ですし、さしえがすばらしいですね。このほか、父がのこしてくれたものに『千夜一夜物語』がありますが、これも私の宝物の一つです。紙の質もいいし、そのさしえがとてもすてきです。

大正のロマンのかおりが何ともいえません。こういう本は今ちょっとありません。

音楽についても、父が尺八にすぐれていて、それを聞いて育ちましたから、私は、世界各国の民族楽器に対する非常な共感をもっています。

父は、日本の伝統的な工芸品を愛し、その育成につとめた人でもあり、そういう環境に育ったせいか、私は戦後、オモチャのデザイナーとして、美術学校出の錚々《そうそう》たる男性たちといっしょに仕事をすることができました。特別専門の教育をうけたわけではありませんが。縫いぐるみの創作では、暮しの手帖社の花森安治氏にみとめられて、しばらく連載をしていました。一九六〇年代のことです。

一九五五年に美術出版社から『ぬいぐるみ』という私の単行本も出ています。それというのも両親の豊かな文化の中で育てられたからだと感謝しています。六歳以前は、素朴に遊んだりしていたわたしです。六歳以前どころか、小学校一年もゆかなくてよいといわれて、野山で遊んでいました。〝新教育〟の影響かな、とこのごろ思いますね。

倉橋惣三は、保母は若くなくちゃいけないといって、保育科は一年間で午前中保育実習をさせて、午後は勉強。そして早く現場に出して、毎年夏にはまた学校にあつめて講習をするという方法をとっていた。若さで、子どもと一緒に遊ばなければいけない、子どもの自発性を尊重してあそぶようにと、これはフレーベルの思想だと思います。しかし、それ以上のことを、あまり授業で強調されなかったらしくおぼえていません。けれども私は、六歳となったら、人間の文化の、長い間の歴史の伝達ができる教育者でないと、本当の保育はできないと思うのです。

それともう一つ、六歳は、もう現代のヒトの脳に近いわけですから、自分でみて、考えて、行動する、自分の欲望もみんなのためにおさえられる集団の中の一員としての自分を考えてゆくことができる、つまりクルプスカヤの「よき集団」ということにいくのです。

集団というと、日本は非常に間違った全体主義のことしかわからないから、集団主義というと目の敵にするんです。たしかに、一方では学校の先生がクルプスカヤとマカレンコの直輸入で、子どもの年齢を考えない集団主義の実践なんか出したりしたので、内部からも批判が出ましたけれども、……集団といっても、ただ集まれば集団というわけじゃありません。好ましい人間関係の集団です。

クルプスカヤの、集団についての言葉を簡単にいいますと、〝万人は一人のために、一人は万人のために〟という考えです。そして自治の能力を養ってゆくのです。自分だけよければ、ではなくて、みんなと共同できる、そして自分より弱いものを自らの意志で助けることのできる、またお互いに規律を生み出してまもる集団の中にあってこそ、子どもは伸びると彼女はいっているのです。

それなのに、それを正しく理解できない教師が多いんじゃないでしょうか。私は、クルプスカヤのいう集団は、すばらしいと思います。とくに、マカレンコが、それをみごとに実践したわけですけれども。

クルプスカヤの『幼児教育と集団主義』という一九三〇年代に書かれたこの本の中に、今まで私が話したことは、すでにほとんど網羅されています。私の幼児期に、もう彼女はこんなにすばらしい論文を書きはじめていたのです。

レーニンにしても、クルプスカヤにしても、マルクスにしても、ヨーロッパの高い文化を受けついでいます。その親たちは、十九世紀から二十世紀初頭にかけてのインテリで、教師とか、牧師とか、裁判長とかなのですが、そういう人たちの勉強している範囲が非常に広く、しかも深い。マルクスの父親なども大学生の息子と対等に語り得る学力・知力をもっていて、息子は父親に尊敬の念を抱いていた。クルプスカヤもそうです。彼女の両親も非常にすばらしい人なのです。子どもに対する深い理解と援助、それは知的で、高度なものです。

そういう中で育ったクルプスカヤが、こんど若い母親たちに、どういうことを教えているかといいますと――この本の中で、もう今から五十年も前だというのに科学的に実に幅広い視野をもって、幼児教育のあらゆる面に言及しているのです。

奴隷制時代、封建制時代の教育の研究からはじまって、資本制社会、それぞれの教育のすぐれている点と欠陥を明らかにしている。それぞれの時代の教育を、決して全部否定などしていません。よいところは、きちんと認めて、そして目ざす社会、これからつくり出していく社会主義社会が望む人間像、人間観、世界観、こういうものを親に提示して、具体的方法を教えているのです。たいへん科学的な方法です。当時のロシアの労働婦人は決して深い学問があったわけではありませんが、たいへん学習を重んじたのです。

しかも彼女のすぐれている点は、その実践者であるということです。「鶏卵の胚芽の発達を見せてでも、生きた有機体の発達についての概念を与えること」とか、「子どもの体力と神経系統の発達」「就学前年齢期の子どもたちの外部感覚の発達――視覚、聴覚、触覚、嗅覚、味覚――そういう中で、さし絵の選択とか、おもちゃの選択、子どもたちの適当な、独創的な活動を組織するなどの方法で、遊び、絵画、歌、草花のコレクション等」――など、就学前の子どもについて、あらゆる面から深い洞察をもって書いています。そして具体的に母親や教師を育てているのです。

クルプスカヤは、今、私が最も尊敬する幼児教育の指導者です。日本でいったら、宮本百合子の存在は、私にとって大きいですが、世界の女性の中で師と仰ぐ人といったら、私という保育者にとってもこれ以上の人はいないというぐらいに思っています。

さて、私どもの園では、三歳前後のころから個の確立というものがとても重視されて、仲間の中での個、つまり、ひとりひとり違う個が自由に発揮できる集団をつくりながら、（これの土台になっているのは「一人が万人のために、万人が一人のために」という思想ですが）しかし、年長になったら、一人勝手ということはありません。具体的なことは、今、私は百人の年長児を担任していますので、その一年間についてはくわしく本にまとめたいと思っていますが、おおよその事は『さくらんぼ坊や』パート６に記録されましたので、本当にありがたいと思います。

この映画を見ますと、先ず仲間と一緒に動物の世話をする、雑巾を縫って部屋のふきそうじをする、畑に野菜を育てる、みんな仲間と一緒に助け合いはげましあっています。障害をもつ子どもも、よくたすけています。鯉のぼりの色をきめるのも話し合い、ジャンケンをしたりして皆意見を出しあい、統一の意見をきめています。部屋を美しく飾るのも、みんな小さい力があつまって、もちろん下の和紙のはりえは先生たちですが、あんなに美しい春の野山の景色ができ上がってゆきます。もちろん、絵は自分のおもいおもいで描くのですが、それが集まると、何ともすてきな風景をつくり出すことを、子どもたちは知るのです。ひとりひとりの力を出し合うのですが、それがお互いに影響を与え、みんなが育ってゆく。その集団と個の関係のみごとさが、この映画の中ではみてもらえるとおもいます。また、就学前というと、すぐ数の事とか文字の事とかを親は心配しますが、子どもたちにすぐれた文学を語りきかすことの大切さは、あまり親はいいません。わたしがどんな児童文学を語りきかせているか、長い保育の間に選りぬいたものを『子育て、錦を織る仕事』の中にのせましたので、合わせてみていただきたいのです。子どもは、すぐれた文化の伝達者にはたいへん尊敬の念をもってみてくれるのです。

子どもは六歳になれば、教師の中身を見抜いてしまう。だから私は、大学までを通して、教師の質が求められていると思います。そうなってくると、教師の養成機関が問題なのです。最近は、全国のそうした教師の養成機関から、集団でここの見学に見えたり、私のところの映画『さくらんぼ坊や』や私の著書をとりあげてくれるところがふえてきて、ありがたいことですけれども、まだまだ、さっきお話ししたような、主従性、拘束性、身分制が生きているところがあります。あるいは、明治の幼稚園のように、机の前にすわらせて、碁盤の目のこの位置に……とやっているところがまだあるのですよ。

質の高いといいますと、つまり科学的なものの見方ができる人という意ですが、そういう教師を養成しなければ、よい保育はできません。このためには、井尻先生の『科学論』などを先ずよむ必要がありますし、私は先生の選集を四百人以上の保育者によんでもらいました。

ここには全国から若い人とか、保育園の園長さんなどが勉強にみえます。とても熱心なのには感動します。しかし、施設の改善は一人が豊かになってもできません。その豊かさで人を動かさなくてはなりません。

ここですよ。自分でできる事は先ずやり、あとは子どもにかわって行政に対して要求するとか、父母と一緒に力を合わせて施設を改善していくというこの姿勢が、やはり保育に出るんです。とくに園長の姿勢に出る。これは大事でしょうね。

こういうことを、子どもはみんな見ています。そのおとなの生き方、物のしゃべり方、ほめ方、しかり方、全部見ているのです。

私は、ゼロ歳から五歳くらいまでは、ほめ言葉をしょっちゅう言っています。ところが年長、六歳になると、あまりほめ言葉は使いません。かなり厳しくします。

それでも、子どもたちは、納得できることであれば、厳しいとはとらないものです。「それは間違っている。こうだと思うよ」と、私が厳しくいっても、子どもは、「わかった。そうだ」と納得した場合に、それを〝おっかない先生〟とはとらないのです。自分をわからせてくれた人、自分をもっと利口にしてくれた人とか、すごく目を開いてくれた人、非常に楽しいことを教えてくれる人——そういう理解が六歳はつくんです。

井尻——六歳になっての課業といいますか、そういうものは……。

斎藤——そう。新しい課題。それまでの〝這い這い〟とか、走るとか、まねの作業とか、系統発生を反復しているような次元から、こんどは、人間が創り出してきた文化の伝承というのでしょうか。

リズムひとつとっても、民族のつくりだしてきた舞踊がある。舞踊にも種々のステップがあります。一つの法則的な動き。それを組み合わせて、いろいろな舞踊になったりしますのでこの土台のことを教えます。

井尻——六歳から？

斎藤——幼稚園では三歳からやるので早すぎるのです。私は六歳をまってから教えます。年長児クラスの子どもの大半が六歳になるのは秋なので、毎年ほとんど十月以降になります。ゼロ歳から五歳までのあそびによってつちかわれたからだの発達が非常に高度な文化を伝承し、発展させ得る土台になっているからです。

数も理解させますが、それは学校で教えるように、数字なんか一切教えないやり方です。

この間、六歳の子どもに縄飛びの縄を編ませました。うちでは、自分たちの遊び道具は自分たちでつくるようにしています。これは三つ編みですが、並幅の生地を六つに裂いて編んだのですが、それをはじめから六つに切れ目を入れた先生がいたんです。それは幼児を知らない。私が教える場合は、子どもに、まずこれを二つに裂かせます。鋏《はさみ》を入れると、ビーッと均等に裂けますね。この半分を、さらに三つに裂きます。こういう作業をとおして、二つにわけるとか三つにわけるをしり、二つにさいたものをさらに三つにさくと六本になると具体的に子どもは知ってゆきます。

すべて、単純から複雑に具体的なことで体得させることを基礎にすえるのです。

最初、三歳のときは三人ぐらいのグループで遊んでいた。それを、四、五歳までに四、五人の

グループにしているんですが、今は、もっと大人数が、グループで認識でき合うようになってきています。そういうふうにして、六歳になれば八人で踊ることもできるのです。一ぺんで八人手をつなぎなさいとはいわないのです。二人になり、二組がよって四人になり、またその四人が二組あつまって八人になるというふうに、自分たちで数を集めたり、それから、二つに割って「半分ずつにおし」それをさらに「三つにお分け」というふうにやります。分けるとか、集めるとかいうことは、日常の生活の中で、年長のときは厳しくちゃんと体験させて、また自分たちの道具

はなるべく自分たちがつくっていく。年長児クラスの最初に、針に糸を通して、雑巾を縫うところから始まっています。でも子どもは、ちょっとの暇をみつけて遊んでます。今までの遊びの歴史がありますから、遊び上手で、ポケッと待っている子はいません。自分の雑巾縫いが終わったら、サーッと遊んでしまいます。

絵も遊びです。絵は小さいときから描いているのでちょっとの暇を見つけて、紙を出して描いている。課題画は卒園期に出しますけれども、ふだんは描きたいときかいています。雑巾を縫うとか、床ふきとか、動物の飼育、ホウキの使い方……とかは教えるのです。道具の使い方はおとながおしえるのです。

井尻——リズムとか、雑巾とか、縄飛びとか、みんな均一に、いろいろさせるのですか。どれに重点を置くとか……。

斎藤——雑巾は最初からみんなでやりますが、同じように上手にはできません。でも年間に四、五回は縫いますからね。縄飛びの三つ編みは六歳すぎないと無理な仕事ですね。秋にしますが、満六歳をすぎた子どもに先ずおしえますと、その子どもたちがおそく生まれたまだ五歳の子どもたちに教えて手伝うので、皆が揃うのです。よくいっせいに大ぜいの子を同じ事を同じ時間にさせようとする人がいますが、そんな無理な事はやりません。課題をもっても、同じ時期にやり終えるということは私はやらないのです。そこがちがうところかも知れませんね。

年長になると、先ず先生と一緒に、グループで、きょうはアヒル当番とか、きょうはヤギ当番、きょうは小鳥当番、きょうは玄関のはき当番と、交替でやっています。楽しみながら、あそびながらですよ。

当番ですからそこには強制もありますよ。でも「おやり！」と言ったら反発するでしょう。だから「だれちゃんはよく働くね。ほんとによくやるね」なんてちょっと言うと、みんな一生懸命やりはじめますよ。また「みんな側転上手になりたい？」ときくと、卒園生の側転のすばらしいの見てますから、「なりたい」とこどもはいいます。「雑巾がけをすると腕や足が丈夫になって上手になるんだよ」とか「草取りすると、うんと指の力が強くなって、絵も上手になるし、リズムもうまくなるよ」とか言うんですよ、それで一生懸命、つられてやっているわけです。おだてられて。上手になりたい、上手になりたいと、自分で一生懸命やるようになるのです。

京都に民主府政をつくって来られた蜷川虎三さんが、「教師は、教壇に上がる前に、ウキウキとして喜びの表情で行かなくちゃならない」と言われたそうですが、私は、すばらしいと思いましたね。保育者が毎朝子どもに会うのにウキウキしなくてはね。ところが、朝になると登校拒否じゃないけれども、下痢症状とか、頭痛がする先生もいるんです。登校拒否児というのがいますけれども、先生にも、どうしても行きたくない、足が進まないというのがあるのです。これは、人間関係もありますけれども、道筋がわからないというのもあるでしょう。つまり、子どもをとらえきれない、非科学的な教育観、子ども観しか学んでこなかったからかもしれません。

六歳という年齢は、とても保育者にとってはたのしい年齢です。私は、子どもにきょうはこの話をしてやろう、きょうはこんなリズムあそびをおしえようと思うし、子どもも、「斎藤、きょうは何？　きょうは何の話？」とたいへんです。私がこれからまた入院というと、子どもはがっかりです。

ほんとうに楽しいです。私は、保育に入っているときは楽しい。だからついつい落ち着いて入院していられなくなってしまうのです。

身障児の保育

井尻——身障児の保育について、具体的にお話しいただけますか。

斎藤——身障児の保育だからといって、特別ということはなく、どんな子どもも早いおそいはあっても育つみちすじは同じですから、ゆっくりと丁寧に育てるだけなのですが、でもいくつになっても歩けないという子どもは、脳損傷がなくても自分の世界が広がりませんから、発達のためには、誰かが連れて歩かなければなりません。でも、自分の足で勝手に歩くだけの認識は広がりません。ですから、その子どもが自分の足で歩けるようにしてやらなければなりません。手が不自由ですと、ふれたりにぎったりできませんから、その不自由な手を動くようにしてやらなければなりません。

ありがたいことに、西ドイツのボイタ博士たちによって、脳の運動麻痺の早期発見、早期治療の道がひらかれました。この事は今までも「みんなの保育大学」シリーズや、この本のゼロ歳児のところでもふれましたので、重複するところはなるべくさけます。

しかし目が見えない子はどうするか。全盲の子どもというのは大変です。見えないということは耳が聞こえないよりも認識の発達のためには大変です。先天性の白内障で、生まれて一度も見たことがない、もちろん色も認識できない子どもの保育をしました。指先の触覚を頼るしかありませんでしたが色はせつめいできません。しかし今は、先天性の白内障が、手術によって、コンタクトレンズを入れて見えるようになったんです。

この間、テレビで見ましたが、天理病院でそういう手術に成功して、赤ちゃんが見えるようになったんです。テレビや新聞でしらせてくれるのはとてもありがたいことです。しかししらない方も多いので、私はこうして本にしてしってもらいたいと思うのです。

音が聞こえない子どもは、言葉の理解が困難です。だから、見て、いろいろ行動はまねはできますけれども、言葉を自由に使えるようになるのは困難です。ところが、こうしたことも最近、愛媛大学で、人工の補聴器を植えつけるのに成功しました。

ですから、私どもの身障児保育も、医学とタイアップしながら、全国にアンテナを張っていて、そういうものができたとなったら、いち早くとり入れるようにしたいと思いますが、問題は誰でもお金がかからずに、最新の医学の恩恵をうけられるようにはまだなっていないことです。早期発見のための四か月検診すら大津市のような事を、まだ他の市町村がやってくれない政治なのですから。

難聴の子どものために今、外側に補聴器を埋め込む手術に成功して、全部聞こえるようになって、しゃべれるようになった人もいるとの事で、そこで今度は、中に埋め込むのにも研究者は、挑戦しているようです。

非常に性能のよい補聴器が、開発されてきたので、音の聞こえない子も、早く発見できれば、補聴器を使用することによって聞こえるようになります。なんといっても、早期発見ですね。そしてどの市町村でも検診で早く発見し、早期治療を誰でもうけられるような社会に、かえてゆきたいと願っています。

中年になって、手術によって初めて見えるようになった人が、見えたものを、ことばで認識することがむずかしかった——という事実をある本で読んだことがあります。不思議と思われるでしょうが、私は、そういうことは、あるだろうな、と思いました。中年になって、初めて三角や円を見ても、それを三角や円と認識できないということですね。もちろん、いつまでも絶対に認識できないということはないでしょう。学習した後なら覚えるでしょうが、赤ちゃんのときから見てきた人とは違うでしょう。三角を目で見て、三角と認識するには、やはり度数を重ねる必要があると思いますよ。

人間は触覚が土台で、まず、赤ちゃんは、なめたりさわったりして、一つ一つを知覚する。しかもそのとき、言葉で、「ホラ、四角よ」とか、「ホラ、三角でしょう」、「丸いでしょう」と、おとながことばをそえて、いろいろな玩具をさわったりして遊びますけれども、そういうものを通しながら、目で見る、さわる、言葉と結びつける。そういうものを積み重ねていって、われわれはそれを、三角である、四角である、円である、長方形であると認識してきました。それがなかった人は初めて見えても、それが言葉と結びついて、すぐに認識できない――そういうことは、あるだろう、と私は思いました。

ですから、なるべく早く見えるようにしてやりたいのです。

井尻――早期発見、早期治療には、四か月がいいのですか。

斎藤――そうですね、三か月ではちょっと早いときました。私が太郎次郎社から出した『ヒトが人間になる』にも書きましたが、三か月では、原始反射が残っている子どももいますから。四か月になると、生物の進化の過程でうけつがれてきた生きる力、原始反射が見えないようになって、本能的反射でなく自分の意志で運動をおこそうとするんですね。ヒトから人間への初歩の状態だと思います。そういうときに、まだヒト科の新生児のような原始反射が残っている場合は、危険信号なんです。たとえば、生まれてすぐの子どもは、手にふれるものを強くにぎり、自分の体重を支えるほどで、ちょうどサルのようですが、四か月になると、自分の意志でにぎるとか、はなすとかをするようになるんです。

このほかいろいろの反射がのこっているかどうか専門医の小児神経内科医師が、いろいろテストして、脳の運動神経に麻痺があるのではないかとうたがうわけです。これがボイタさんによって発見された方法です。そして、赤ちゃんが生来もってきた姿勢反射を利用して、子どもを、わざと苦しい姿勢にさせると、もがいて、安定した姿勢に起きよう、起きようという運動が起きてくる。非常なもがきで、この訓練はギャアギャア泣くんです。もがいて、もがいて、運動麻痺を自ら克服してゆくのです。麻痺している神経に刺激を与えるのです。日に四回も訓練をします。

このもがきを毎日毎日繰り返して、ついに麻痺を克服していくという方法です。

でも、誰でもがすぐできる方法ではなく、大津市民病院の砂川先生も直接西ドイツにいってボイタさんにならったとききました。また、全国からお母さんがそうした訓練を希望する場合、大津市に三、四週間も泊って習うというのですから、なかなかむずかしいことですし、お母さんはわが子が泣くと訓練の手がゆるんでしまいます。私の園では時間を決めて、ということはありませんが、斜面を使ったり、ハイハイ板をつかったり、段差のある保育室で「ここまでおいで」とオモチャや食べ物を与えたり、自分から動こうとする意志を育てて、動くようにしています。同じ理屈ですが、訓練というより日常の生活の中でごく自然に行うようにしているのが、特徴だとおもいます。ただ最初は、動けないので、おなかがすくと泣きますが、そこががまんのしどころで、少しずつでも自分で動こうとする力を育てるのです。

障害児保育は、あくまでも、早期発見が大事です。そうすれば、完全治癒、あるいは非常に健常に近い状態にまで、どの子でも、育てることが今まではできました。

てんかんも、はじめは一瞬だけ、ふっと意識を失うだけの小発作がこれを繰り返しているうちに、重度の脳損傷になるのです。こういう子どもが、養護学校に入学してきます。早期発見を見逃しますとたいへんです。

うちにも今、点頭てんかんと診断された子どもが入っておりますが、発見も早かったのでもう治癒しているんじゃないかという状態です。

ふつうは薬で発作をおさえます。これは消極的な方法ですが、薬を飲まなければ重くなってしまいます。脳波に異常がでれば、先ず発作をおさえるために、副作用がのちにあっても、とりあえずは、やはり薬という事になります。そして先ず発作をおさえなければなりません。しかし小発作はみのがしがちです。難産だとか、何か新生児時期に故障があったと思ったら、注意深く観察している必要があります。

うちでは、二か月から預かった子どもの小発作を何人か見つけております。ふつう七、八か月になってから見つかることが多いのですが、私たちはもっと早くに見つけます。泣き方がちょっとおかしかったり、からだをときどきピクッとさせたり、安眠できなかったり、いろいろおかしい状態をみつけます。そして医師の診断をあおぐのです。

脳性麻痺の赤ちゃんは、抱いたときに、そっくり返る。専門の言葉で後弓反張というのですが、それでオヤッと思います。われわれは、生後二か月でも、抱いて、これはおかしいとわかる時がありますす。はじめて赤ちゃんを生んだお母さんにはわからなくても、何人も抱いた事のある人にはわかるわけです。

てんかんの発作というのは、薬やケトン食などという、低カロリーの食事で発作をおさえていても、自分で、ああ気持ちが悪いとか、いやだなァとか思うと、起きることがあるのです。不思議ですね。喘息と同じです。だから、なるべく快適な生活をさせてやらなければなりません。

日当りもよく、風通しもよく、のびのびと土や水で遊べる環境で、今までのべたような画一的でない、その子の真の要求をよく見抜いて、適宜な運動をさせていると、自然に発作もおさまり、もう服薬をしなくてよい、といわれた子どもも何人もいるのです。

産休あけ、つまり生後二か月から入園した子どもでは、このままでは発作がおきるかなと、うたがわれた子どもも無事育ってきています。それは、ここの園の環境と、バランスのよい食事と〝さくら・さくらんぼ〟の特徴あるリズム運動などの結果だと思います。

それから、こういうこともあるのです。保育園でみんなと遊んだりしていると発作がおさまるけれど、家に帰ると、すぐ発作が起きる子がいるんです。気分でしょうかね。そういう子は、今までに何人もいます。親が心配して、絶えず不安そうな顔をしているからですかね。私の園の保育者は、ニコニコして子どもと遊びますから。子どもは、快適な生活というか、太陽の中で友だちと遊び回れば健康になってゆきます。ただし、太陽だって、カンカン照りでは、よくありません。夏は日陰もつくってやらなければなりません。環境整備は大変です。四つ足の動物とちがって人間の場合は二足歩行ですから、肩が脱力してます。ところが、神経系に故障のある子は、生まれたての赤ちゃんでも肩に緊張があるんです。肩が硬い。肩が硬いと、うつぶせにさせてもなかなか手が開きません。こういう子どもを、今まではどうしていたかというと、手術をしたのです。つまり、神経の故障なのに整形外科に行っていたわけです。

京都大学の田中昌人先生は、子どもをお母さんのひざに抱かせておいて、先生が子どもと向きあって四か月の赤ちゃんの手指をヒュッとあけるんです。そのときに、親指が全然動かない子どもについては、五か月、六か月でまた検診をされます。この親指の開き方で言語中枢麻痺があるかもしれないとうたがいをもち、大津市ではボイタ法訓練をやるわけです。

しかし、こういう子どもはうつ伏せにして、枕を胸に当ててやると、肩の緊張がほどけて、少し親指がゆるんでくるのです。それに木のオモチャを前に出してさそいますと、みずからそれをとろうとして、指を開いていくのです。私はこうやって治してもいます。これも自ら脳の運動麻痺を克服させる方法です。

私がある地方に行きましたら、十か月の子どもがいて、まったく親指を開かないので、間もなくそこの筋を切りましょうと言われて、手術を待っているところでした。その赤ちゃんをお母さんが抱いてきたのです。

そこで私が、大きい湯上がりタオルを三つに折ってぐるぐるとまいて枕のようにしてこれを両脇の下に入れてうつぶせにさせますと、肩の緊張がちょっとほどけたんです。その時、オモチャを赤ちゃんの目の前において、さそいかけますと、肩の緊張のほどけている赤ちゃんは、これを取ろう、取ろうと努力しまして、とうとう五本の指をひらいてオモチャをにぎりました。はじめてひらいたというのです。これを何回もやってみましたら、どんどんひらくようになりました。最近、『赤ちゃんのめざめ』[*28]という題で出版された本を小児神経内科医の林万リ先生に紹介していただいて学び、早速実践してみたわけです。まだ、日本の多くのこうした子どもは、手術の段階だと思いますが、きっとこれから日本中にもひろがってゆくと思います。

全国では、まだまだ脳性麻痺の早期発見がおくれ、金具のついた靴で固定したり、転んだときに頭をきずつけないように、ヘルメットのような帽子をかぶせている子どもが多いのです。肢体不自由児の施設は、どこに行ってもそうした器具をつけて手足は棒のように細い子どもが多いのです。これが日本の現状です。転ぶと危ないというのなら芝生にすればいいのに、新建材の床やコンクリートにしておいて、ヘルメットをかぶせている。重い靴で運動を不自由にして、固定化してしまいますから、運動神経も感覚神経も発達がおくれ、したがって知恵もおくれ、重複障害になってしまうのです。本当は、からだの麻痺なら脳の知恵遅れにはつながらない場合が多いのです。脳性麻痺は全部知恵遅れではないのに、重複障害にして、重い知恵遅れのままにして、養護学校に入っているという現状が多いので残念です。

工業先進国だ、GNP世界第二だ、アメリカに追いつけとか何とかいったって、日本の教育の現場はまだまだ遅れているのです。日本の医学も、一部は最先端を行っていると思いますが、一般化していない。政府が手助けをしないからです。だから医者も個人の力で最先端を選ばなくてはならない。そういう現状が、障害児や赤ちゃんの保育にもあります。

世界最高のレベルの学問を、一般の学校では教えない。教科書として使わないというのが現状じゃないでしょうか。

それから、これは大事なことですが、障害児教育は、先生が重荷だと思ったら、もうだめですね。うちの職員集団でも、よほどみんなで学習しあわないと、障害をもつ子が重荷になります。先がみえなくなるからです。いつもたえず学習をしている人たちはマカレンコがいうリスク、つまり冒険にいどんでくれるのです。

この学習の一つは、根本的な物の考え方で、人間はすべて生まれながらにして平等だ、障害をもつ子どもも、一個の人間として尊重される権利がある、対等の権利があるんだ。——というと同時に、常に新しい科学、医学の発展に目をむけての学習です。また全国の実践者と交流して、情報をあつめ学び合うのです。

きちんと科学的なものの見方を身につけると、障害児はいやだという考え、遅れている子はいやだという差別感がなくなると思うのですが。そんな気持ちはないないと言っていながら、心の隅にわいてくるんです。

ひとりひとりの子どもを、みんな平等にかわいがるというのは、むずかしいことでしょうが、これができないと、本当は保育者は務まらないのです。でも、そういうテストはできない。ペーパーテストで保母資格を取って、保母さんは入ってくるわけです。

また科学的な方法がわかっても、真のヒューマニズムをもたない人では育たないと思います。科学とロマンが必要ですね。道筋だけわかったから、あるいは医学的な処置をしたから、薬を飲ませたから、ボイタの訓練をしたから、ホラ、何をしたからといったって、育たないと思います。同じ環境に置いても、育てる人によって違いが出てきます。

井尻――科学者でもそうです。ロマンがないとだめのようです。計算だけできるというのでは。

斎藤――あるとき新聞記者に、「斎藤先生、だれか尊敬している人の言葉を言ってください」といわれたことがあったのです。そのとき私が、ホー・チミンの獄中詩で、もちろん漢詩だったのでそのままは読めないのですけれども、「憂いをたくさん味わった人ほど、人の心の底がわかり、深みが出てくる。非常につらい思い、悲しい思いをした人こそ、本当の人間の深みが出てくる」という詩を言ったんです。ことさら若い人に、つらい思いをしろとは言わないけれども、障害をもつ子を育てるには、科学的な方法で、神経系のもつれをどう解いてやるか。栄養の問題とか、生活リズムの問題とか、ありますけれども、もう一つは、そのロマンが必要ですね。

井尻——表現は「ロマン」でいいのでしょうけれども、人柄ということですね。

斎藤——先生が、差別せずに、弱い子とか障害をもつ子をいたわる。そして介助も、ひとりでやれることまでやってやるのではなくて、やれることはちゃんとやらせるけれども、やれないことは要求せず援助する。こういう先生の中で育った集団というのは、たいへん思いやりがあって、介助も上手なんです。小学校に行っても、みんなそうします。先生の人柄とか、やり方が子どもにうつっていくというか、模倣されて、受け継がれていく。そういう経験を一切していなかった子どもは、いろいろな障害をもつ子どもと一緒に暮らすのをいやがったり、また、どう介助したらよいかわからないので、ただみているという状態です。小さいときから一緒に育ち、まわりのおとなの介助の仕方をみているとおぼえるのですが。幼年期に障害児と共に育ち合う経験をもたないできた子どもは、たぶん、おとなになっても、どう対処していいかわからないし、いやがると思います。ですから、小さいときに障害児と共に暮らすことのできる子どもは、かえってしあわせということになりますよ。

3――保育と環境

ヒトの進化と保育

井尻——次は、「ヒトの進化と保育」について。

斎藤——ヒトの進化については、井尻先生のお書きになったものが、深い洞察力をもったものとして、保育の現場にいる私には、実に納得のいくものだったのです。

それで、ここで、井尻先生の本から引用させていただきます。「選集」の第五巻『人間』[*29]の中からです。

——「類人猿とヒトの新生児を同時に育てて比較してみると、二歳ごろまでは、類人猿が、知能的にもヒトにまさっているが、その後は知能の発達がとまってしまい、逆に、ヒトでは、その後の発達がいちじるしいことがわかる。」

——「新生児のときは、月たらず、親のすねかじり、という点で、サルに一歩をゆずったわれわれも、早産の胎児であったために、つまり他の哺乳類のようにすぐ立ってあるけない、あるくまでには一年もかかるために、また、こうした、哺乳類では胎児のような時期が出生後もながくつづけばこそ、サルその他の哺乳動物では経験できない、長い神経系の学習の期間をえたわけである。」

――「とりわけ学習は、母性愛などという母性本能などによってではなく『社会的共同生活』とそのコミュニケーションの手段である『言語』によってもたらされる。生まれたばかりのときから、何万回、何億回とくりかえされる同族のことばは、たんにコミュニケーションの手段をしえ、複雑な条件反射系をつくりあげていくだけではなく、かくすることによって、大脳半球、とりわけ新皮質を発達させ、ヒト独特の抽象的思考をもたらす。」

今のヒト科が、非常に胎児期も、幼年期も、青年期も他の動物とくらべて長いのはなぜかということですが、神経系が非常に高次になって、複雑に発達しているために、その準備にかかっているのだという点ですね。そういうことがわかってくると、それは実際に子どもを保育する中で、思い当ることも多いし、実に示唆に富むものなのです。

たとえば、こういうことがあります。

小さい子が初めて絵を描くとき、目の前にあるものを描くのではなく、自分がいつも見ているものを描きますね。身近な人、ママとかパパとか人の顔をマルで表現しますね。乳幼児期は、絶えず見ているものが脳の中に映し出されているのでしょう。しかし、それが絵として、表現されるまでには、潜伏期間が長いのです。いつも見ているまわりの人の顔が初めての絵にマルとして表現されたり、このあとまた二年くらいたって、やっと三角屋根の建物を毎日見ている子どもが、ある日、四角の上に三角が乗った絵を描く。小さいころは、見たものをすぐ描くことはしません。ところが六歳すぎると、目の前のものを、見て描ける力が出てきます。

言葉もそうです。赤ちゃんは、胎児のときから耳が聞こえていますから、ずっと聞きなれている言葉があとから出てくるのですね。喃語は世界共通だといいますが、やがて言葉を話すようになると、日本語を聞いている子は日本語を、英語を聞いている子は英語を口にします。

ですから、言葉が出るようになってから言葉を教えるのではないのです。早くから、言葉刺激に対する反応をおこすような環境をつくる必要があるのです。オオカミの中で育った人間は言葉が出ないのと同じように、人間社会の中では、ゼロ歳児にも言葉かけが必要だということです。

水とか土というのは、ほとんど触覚に関係しているのです。触覚というのは、感覚の中の一番の土台です。ですから、この土台を忘れて、すぐ言葉に行ったりすると、発達がとてもゆがんでくるのです。それで私は、水とか土を重視するんです。言葉はベラベラだけれども、非常に思考力が劣っている子はいっぱいいます。しかし、言葉はいらないんだという意味ではまったくなくて、私は『子育て』の中の「人間社会の子育て法とは」というのに、ゆっくり待つことと、言葉の大事さというのを書きましたけれども、そういうもののもっと土台の触覚という意味で、水と土を少し強調したわけです。

それから『世界史』[*30]という本がありますが、これも乳幼児の発達をみるのに、非常に参考になりました。

そして、子どもの発達にしたがって、あせらずに保育しなければいけないということを、この本から学んだのです。

人間の祖先である猿人原人からの歴史がよくわかって、人間社会の起源を学習するのに、非常に役立ちました。

文字文化に入る前の段階で、アルタミラなど、非常に豊かな描画が出てきますね。その段階からさらに一万年以上もたって、農耕民族になってから、絵文字が出、それから文字が出てくる。人類はそうやって歩んできたのです。

私は、以前、親たちがあまり文字に固執して、――絵ばかり描かせないで文字を教えてくれと、就学前に強く要求したときどう父母を説得するかと悩んだとき、この『世界史』の編集者の一人である松本新八郎先生をお呼びして学んだことがありました。先生から脳の発達と描画とその関係、文字文化にゆくまでの課程など、いろいろ話をしていただきました。

ラスコーの洞窟の絵もすばらしいですね。しかし、まだ文字はありません。このあと、私が『足のはたらきと子どもの成長』[*31]に引用させてもらったのですが、旧石器から新石器にかけて、すごいスピードで走りながら狩りをする人の絵が出てきます。六歳になると、急にこうした細かいうごきのある生活画になるのです。

うちの子は、そうなってきてから学校に入れます。細かく広い動き、生活のある世界を描けるようになるのは、脳が六歳になってからなのです。足の土踏まずの形成ができて、ほとんど水平なくらいに両足を開いて走れるようになる。そのころは、狩りをして、四つ足を追いかける強靱な心臓が発達してきています。粘り強さもすごくなってきます。

それを、そのころは文字文化の前の段階にある三歳くらいから文字を教えてしまうのです。漢字を教える教育がはやってしまった。無理なことをさせては悪いのです。『世界史』の「言語の起源」、「神経系の発達」のところで、パブロフが出てくるのですが、このところは、井尻先生のご本を読んで深く共感した土台になっているのです。このあとに私は、柳田謙十郎先生の『労働と人間』[*32]も読む力ができたんですけれども、こうした勉強が土台になっています。

これは、高次神経系の発達の道筋とか、どうして人間の意識が発達してゆくのか、言語の起源もわかりやすく書いてあります。

柳田謙十郎・斎藤公子共著『自然・人間・保育』[*33]の中の柳田先生の文に「蛋白質《たんぱく》の性質である刺激に対しての反応、その蛋白質がたくさんあった生命は、能動的に探索をしてゆく……」と書いてあるところがあります。

こうした学習が基礎になって、井尻先生が、書かれた『ヒトの直系』[*34]が非常におもしろく、私には理解できたのです。

個体発生と系統発生の関係の学習をこうしてくりかえし行った事が十歳くらいまでの間の神経系の発達を、どういうふうにうながし、保証していくのか、の保育方法の具体化とつながりました。今までの、明治・大正の保育は、まったくそこが抜けていると思うのです。ですから、これらの本に書いてある言葉は、一つも抜かせないぐらい大事な言葉なのです。私は、すばらしくまとめてあると思います。

大脳生理学は必須なんです。人間ほど高次に発達した脳の仕組みをよく勉強しなければ、乳幼児の教育はできません。それには、いいテキストを使わなければいけないということでしょうね。それで私どもは、松本先生のご承諾を得て、この『世界史』をコピーさせていただいて「みんなの保育大学」ができる前は、このパンフとか、『労働と人間』を使って学習していたのです。でも「みんなの保育大学」シリーズが出版されて、一応、胎児のことから、内臓、手足と脳中枢の関係、いろいろなことが保母さんにわかりやすくなりましたので、とても助かりました。しかし、大もとを知りませんと、「みんなの保育大学」を読んでも、本当の理解はできないと思うのです。だから、エンゲルスの『猿が人間になるについての労働の役割』とか、パブロフを知らずして、脳の発達がわかるのかどうか。そういうこともあって、一応ここに、『世界史』とか『労働と人間』という本を紹介したのです。

『世界史』の中に、非常に大事な、目のことが書いてあります。

「類人猿は、他の動物よりも目が発達しているため、もっと細かい現象や現実の質を認めることができる。パブロフは、これらのサルの動作の特徴を連鎖連合を基礎とする〝動作における思考〟の萌芽であると規定している。だが、動作が終わるとともに、〝思考〟過程も終わる、というのは、サルでは、この過程が、与えられた具体的な状況、与えられた動作の枠内に限られているからだ。人間と違ってサルは、自分の置かれた具体的な状況から離れたり、先を見通して、創意を発揮することができず、また一般化を必要とするごく簡単な発明さえもできない」……。

ここで人間の思考というものが、サルの段階よりも非常に高次に発達したものであることがわかります。

田中先生は「可逆性」というむずかしい言葉で言っていますが、神経系の発達のテストのときに、非常におもしろい実験をするのです。

赤ちゃんを実験者の前に向きあうように置いて、二人の間に遮蔽物を置く。そして、その片方のはしからオモチャを見せる。赤ちゃんはそっちに目をやる。見たら隠す。見えなくなると赤ちゃんは見ることをやめます。こんどは反対側から出す。赤ちゃんはそこに目を移す。見たところでまた隠す。赤ちゃんは見るのをやめるだけです。

四か月検診でこういう状態だった赤ちゃんも、だんだん月齢があがってくると、――今こっちからオモチャを見せ、こんどは反対側から見せる。そうすると「オヤ?」とこっちを見る。さっきこっちで見たのと同じというふうにもう一度こっちを見て、「オヤ?」と反対側を見る。ない。そうすると、また「オヤ?」と目を移していく。「ああ、あそこを通って、あれが、こう出たな」と、この〝可逆性〟に気づくわけです。それで、こっちを見たり、あっちを見たり。もっと利口な子は、裏側をのぞきこんで、こちら側を通ったな、とかやる。人間の赤ちゃんは、前のことと連関してものを考えることができるようになっていく。

昔の人は、どうしてそういうことを発見したのかと思いますが、よく、背中に隠れて、「いない、いない、ばあ」とやったでしょう。この、「いない、いない、ばあ」の遊びが、ゼロ歳のときの遊びとして非常に大事なのです。あっちこっちから顔を出してみせなくてはだめなんです。

大正デモクラシー時代の歌に、「いない、いない、ばあ」というのがあるのです。お母さんが、背中に子どもを立たせて両手を肩から持って「いないよ、ばあ」、左右の肩ごしにかわるがわる顔をのぞきあってあそぶのです。「坊やは一人でかくれんぼ。かあさんに隠れちゃ、いないよ、ばあ。いないよ、ばあ」と、こうやってお母さんと赤ちゃんとかくれんぼしている。二番は「お月さんが一人でかくれんぼ。雲に隠れちゃ、いないよ、ばあ」って遊ぶ歌を、私なんか小さいときに、母がうたって遊んでくれたものです。

自閉の子どもを預かっている人ならわかりますが、言葉の出ない子どもが、追っかけっことか、「いない、いない、ばあ」をするようになってくると、カタコトが出始めるなと期待をもつのです。

サルまでは、具体的な刺激に対して反応したり、行動を起こしたりしますけれども、たとえば、棒を使って何かを取るとか、アリを釣るとかいうことはありますが、棒をしまっておいて、またアリを釣るときに、道具を出して使うということはしないそうです。そこにある物を使うことしかできない。人間の場合は、あらかじめ、ああいうところに行けば、こういうものがあるだろう。それにはこういう道具が必要だから、じゃ、それを作ってしまっておいて、いつでも間に合うようにしよう、――ということをやりますね。そこが人間とサルの違いだということは、パブロフがいろいろ実験して、教えてくれているところですが、パブロフはまた、第一次信号系が最も発達している動物はサルで、サルからしか人間は進化してこなかったともいっています。ですから、第一次信号系のつまり直接の感覚の発達の土台の上に第二次信号系、つまりことばの中枢神経の発達があるのです、その高次神経系の発達は、赤ちゃんのときに、非常に早い時期に、サルの段階から人間の段階に行きます。何でもみつけると、さわり、それを口にふれてみる、そういう時期をへて、やがて予測する。そして、期待をする。だから、一度、親が「いない、いない、ばあ」と遊んでくれると、こうやって目を隠すと、「ばあ」と言ってくれるかと思って期待をするのは、一歳ごろからなんです。

目の発達のことでも、向き合うことが大切だとか、あるいは、もう一つ複雑な条件反射として、音に対する反応が脳におきる。これは言葉と結びついてくる。条件反射でも、単純な音へのそれからもっと高次になって、言語に対する反応になるのですから、人間社会のことばの中で赤ちゃんが育つことが大切なのです。

ゴリラも二十語以上話すということで、人間の赤ちゃんの喃語に似た音をだしますが、しかし、ゴリラはそこまで。人間は違います。

それから、私には井尻先生の「人と文明シリーズ」の三冊、『ヒトの解剖』[*35]、『人体の矛盾』[*36]、『文明のなかの未開』[*37]も、非常に勉強になりました。それで、先生の著書に目が向くようになって、「選集」になったわけです。だから、井尻先生が目を開いてくれたようなものです。

その前は、前にものべましたが柳田謙十郎先生の、エンゲルスの論をやさしく書いて下さった『労働と人間』をテキストにしていたわけです。それまでは、サルから人間くらいしかわからなかった。だから、先生も『ヒトの直系』の中に、「サルから人間までを書いたのはいっぱいある。だけど、三十数億年の、宇宙の最初の元素からずっというのははじめてだ」と書かれました。非常に新鮮にうけとめたわけです。

井尻――サル以前のことを知ることによって、何か先生の保育に対する考え方が変わりましたか。

斎藤――変わってきましたね。新聞なんかたくさん買って、目を通すようになりました。新しい科学の発見などにも興味をもつようになりました。免疫学、遺伝子の問題のようなミクロの世界も、天体のマクロの世界も、それがみんな子どもと直結することがわかってきました。こういう事は「みんなの保育大学」の付言にかいています。

　そうした学習から、障害児を含めての自分たちの保育の実践を見直していく一つの目とか、子どもの発達を見通す目が培われました。

自然環境について

井尻——では、自然環境について、おねがいします。

斎藤——保育のためには、広い土地がほしい。しかし、土地はなかなか買えませんね。

私が三十年前に、ここを買ったときは、まだランプでした。でも、私はここ深谷の大谷・櫛引地区を選びました。「ござ一枚で保育できる」と私はいうんです。要は、人の問題なんだから。ただし、私は、ござを敷くところを選びました。問題は、ござを敷く人間がござをどこに敷くか。敷くところは、どこでもいいわけではないのです。

それを選ぶのに、東京から深谷へきて、深谷全体を歩いて、それでここを選んだのです。小屋も空《あ》いていたし、土地も売りに出ていましたから。電気はないし、交通機関も定期バスが日に何回かしかありませんでした。電話ももちろんありませんでした。

駅から歩いて一時間かかる場所でしたが、将来の交通機関の発展性を見越したわけです。建てるとき、みんな反対しましたよ。こんな田舎に人が集まらないと言ったのが、今は集まりすぎて困っています。

保育園としての環境を選ぶには、どこを、どういうふうにして選ぶかということですけれども、ござ一枚敷くのに、まず木陰がいります。そのためには、林がなくちゃだめですね。だから、たんぼだけのところは選びません。田はまた水がはいるように低くなっていましてね。土地を高くするのにはたいへん費用がかかりますしね。私のふるさとの隠岐島《おきのしま》のように段々畑の上の方ならいいんですが。林は木を植えれば育ちます。それから、川がなくてはいけない。しかし、子どもの命に危ないような、大きな池とか深い池があったら選びません。川も小川ですね。チョロチョロ流れていて、子どもが遊べるような川とか、山は、土を持ってくればできると思いましたからね。川もつくれば、というけれども、ちょっとむずかしいですね。「そばに公園があります」と言う人がいますが、公園は自由に掘っては遊べません。やはり子どもが自由に掘り返せるようなところでないとね。いろいろなことで、子どもの発達に自由に使えるようなところですね。

それから、建物の資材などは、なるべく生物が進化の過程で味わってきたものを使います。快《こころよ》いという感覚を脳に伝えるような、そういうもので建物をつくる。ですから子どもたちが幼いときには、なるべく、木とか、草とか、綿とか、毛とかいう、自然界にあったものを与える。化学的に合成されたものは、小さい子どものためにはあまり快い感覚をもたらしません。

植木でも、同じ種類ばかり植わっているのは困ります。マツ林ならマツ林だけというのではなくて、私はいろいろな木を植えています。動物もなるべく多く、飼えるだけは飼いたいと思っているんです。井尻先生、最近、オウム病のことから、小鳥を飼っちゃ困るという苦情が親から出たんですが、神経系に故障が出るという陳情が出たんです。

井尻——少しオーバーなような気がしますね。

斎藤——ハトのふんは私も気にして、赤ちゃんをなるべくハト小屋に連れていかないようにしているんですが、ハトもやめてくれといわれて、この間、カゴに入れて持って行って、山に放してやったんです。ところが何羽か帰ってきちゃいました。秩父の山奥で放したんですが、帰ってきました、かわいいですね。だけど、今多くの親は神経質です。オウムに口移しはいけないとか、そのオウム病というのは、クラミジアという性病の一種といわれますが、その菌が胎内の赤ちゃんに移ると新生児肺炎になるとききました。または先天性奇形になるとか、そういうことを新聞で大きく言うので、親が今、小鳥を飼わないでくれとか、ハトを飼わないでくれと言うようになりました。そのうち、イヌもネコも、みんなだめというようになるかもしれません。動物学者や医者にいろいろ聞いて、私ももっとくわしく学びたいと思っています。でも、ハトのふんのことは、前から、神経系の故障が出るといわれていたので、ちょっと注意しているんですが。

今までの、長い地球上の生物の歴史というのを、なるべく小さいときに目で見られるように私はしたいのです。そういう経験ができるような、環境をつくりたいのです。『ヒトが人間になる』の中の「子どもと動物」という項の中に書きましたが、子どもは「先生、なぜ動物飼うの？」とは、決して聞きません。ところが、おとなの見学者は聞くんです。「なぜ動物を飼うのですか」という質問は多いのですよ。

「なんでヤナギの木を植えたんですか」という質問も出ましたよ。お化けを連想するんですって（笑い）。

井尻――こんど買いたいといっている千坪のところは、また何か木を植えるのですか。

斎藤――まだ買うかどうか、理事会で言ってくれないけれども、今はススキが原になっています。そのススキで隠れんぼしたりします。春や秋はござを敷いて遊び、たのしい食事場所にもなっています。

井尻――買えても、それはそのままにしておくのですか？

斎藤――そのままにしておきたいんです。

井尻――木は植えないのですか。

斎藤――将来、植えるかもしれません。

井尻――参考に申しあげると、北海道の帯広で、町を取り巻くように〝帯広の森〟という森林帯をつくりました。その設計を――私の案は実現しませんでしたが――手伝ったことがあります。それは、ごくわかりやすく言うと、森の最初の場面は地球ができた当時の地球の表面で、月と同じく植物のない岩石だけにします。その次は古生代の植物です。スギナとか、シダとか、いった植物です。その次が中生代で、ソテツとか、マツとかいった裸子植物が主役です。その次は新生代で、ウメ、モモ、サクラといった被子植物です。そして、その次が〝未来の森〟というふうになっていて、その散歩道を歩くと、四五億年前からの地球のようすがわかるようになっているわけです。

斎藤――そういうのができるんですか、まあ素敵。

井尻――いろいろな木を植えられるということですが、そうすると、いまお話ししたような散歩道ができます。そして、最後のほうは氷河時代で、針葉樹の森がパッと立っているといった風景になります。

斎藤――いま、私のところは新生代くらいでしょう。ウメ、モモ、サクラだの、そんなものしか植えていないから。

私はもう買った気になっているんですが、そのふちに植わっているクワが大きくなっていて、のぼってあそんだり、ドドメ（クワの実）をたくさん取って、ジャムにつくって食べたり、素敵ですよ。ああいうところが保育園の敷地になれば、と願っています。

今は、そんなこと言うと他の保育園では夢物語で、都会の中でそんなことを望むのは、砂漠でオアシスを求めるようなものだ、といわれてしまいます。土地は子どもにとってたくさん必要だなんていったら、笑われちゃうぐらいです。

だけど、明治の初期の小学校というのは、立地条件もすばらしくて、建物も、鹿鳴館ふうのすばらしいのが残ってますね。長野とか松本とか、伊豆の松崎とか、記念に残していますね。昔は、学校の敷地に一等地を選びましたね。あの精神が、今はちょっとなくなっています。もっとも、小・中学校については、少しでもそうするような気風が、まだ残っていますけれども、幼年期についてはそれがありません。政府は土地については一切お金を出さない。個人所有の土地を使うほかありません。公立の保育園なんかは、土地を、自治体が自分で求めるのです。しかし、最低基準の二百坪が、今は最高になっているような状態なんです。でも、田舎の公立保育園だったら、四、五百坪というところもあるでしょう。

私が、姉妹園をつくるときに最低一千坪といいますが、その一千坪も調整区域に選びますから、まわりにずっと自然があります。何万坪の中の一千坪という状態のところに、保育園を建てるようにしています。ただし、それが調整区域ですから、認可をとらないとできません。無認可のところは、仕方がないから山林地区を探すより仕方がありません。調整区域の見直しがされて、住宅が押し寄せてきたら困るのですけれども。子どもたちの施設には無認可だろうが、何かその道を開いてくれると、本当はありがたいのです。

家族環境について

井尻——家族環境について、お話をおねがいします。

斎藤——家族環境というのは、いろいろありますが、今日は日本の現状の特殊な問題にふれてみたいと思います。こういう農村部だと、大家族で、労働も見られるし、非常に好ましい環境と思われます。おじいちゃんもおばあちゃんもいる。お父さんもお母さんも、兄弟もたくさんあっていいいな、という反面、もしその家庭に封建制が残っている場合は、家長の絶対権限が生きていて、おじいちゃんが財布を握っていて、嫁さんは何も買えないという家だってまだまだあります。

家庭訪問に行って、私が「こんにちは！」と言うと、そこに奥さんがいるのに、「父ちゃん……」と言って、自分は引っ込んじゃって、絶対顔を出さないとか、署名をお願いに行ったりすると、「お父ちゃんが帰ってきてから、相談してから」とか、「自治会長さん、どうしました？」と言って、自治会長が判を押さないと絶対押さないとか、封建制がいっぱい残っています。

そういう家だと、「男の子は台所に入るんじゃない」と、すぐ言います。「女の子のくせに！」です。

私も結婚してからは、それで苦労しました。「女は字なんか読むんじゃない！」新聞読むなんて最低の女だといわれたし、嫁は、冬でもあたためたご飯を食べさせてもらえなかったのです。朝は、四時起きでした。綿入れを一晩で縫いあげろなんていう、ひどいところでしたが、今はその立場が逆になった、なんていう人もありますが、どうなのでしょう。

でも、私は若いときの苦労が役立って、いろんな悩みをかかえている人のそれぞれの立場がわかって聞いてあげられるようになったことは、ありがたいと思っています。

核家族は核家族でまた悩みはあるものです。誰か病気になったとか失業をしたとか、サラ金問題とか、交通事故にあったとか、保育園の子どもたちの家族も、この日本という高度に発達しながら、アメリカという他国に従属している、しかも封建制ののこりかすをひきずっているという国ですから、ありとあらゆる矛盾はかかえています。

しかし何といっても、お父さん、お母さん、おじいさん、おばあさんと、いつも、私たちが何でも話し合える人間関係をつくっていかないといけませんね。物の見方、考え方、世界観とか、人間観、子ども観、そういうものを私たちがいっしょに探求していく。父母の会といっしょに話しあっていくような関係をつくる。困ったことは何でも相談できる場所に保育園をしておかなくてはだめなのです。——今は、自然にそうなっているんです。私といっしょに学習会を持つというのを、親が楽しみにしているのです。自分たちで計画して、仕事を休んで、ここに集まるんです。

井尻——何人ぐらいですか。

斎藤——五十〜六十人はくるでしょう。仕事が忙しい人のために、テープに取ったのを起こしてパンフにするとか、やっています。今までも、役員になれば先生と話し合えるといって喜んでいました。そしてこの喜びをみんなに味わわせたいからといって、二年続けないようにして、新しい人、新しい人を役員にするように、お母さんたちは考えました。みんな仕事をもっていて忙しい親たちですが、役員になると得をするという考えで自らなる人もいるんです。

テキストには井尻先生の本とか、私が書いた本なんかも使いますけれども、結局は、自然科学と社会科学、両方を話し合いませんとね。私の〝語りきかせ〟〝よみきかせ〟の要求も強いのです。

井尻——日本の家族には、古い南方型の共同体と中世の封建制度が強く残っていますね。まず個性を確立し、それから、真の集団主義にいくべきなのに、日本はそうなっていないと思われます。日本の悪い共同体のシンボルは神社宗教だと思います。

斎藤——だから、民主主義、民主主義と言葉だけ言っても、まったく中身がないですね。

井尻——近代的なビルを建てるときにだって、神主を呼んでおはらいをするでしょう？　靖国神社なんか、一番代表的なものじゃないですか。神社宗教が共同体を温存しているわけです。それが個性を滅却するわけでしょう？

斎藤——〝さくらんぼ〟の山の土地は前はクワ畑だったんです。そこに言葉の発達のおくれた四歳の子どもを連れて、おじいちゃんと嫁さんとで農作業にきていたんです。この子どものお兄ちゃんが聾《ろう》なんです。この子どもは本当は聾じゃないのに、聾のお兄さんに子守りをさせていたために、この子どもは四歳まで聾のようにアーアーと言っていました。その畑のとなりで季節保育所を始めたので、お嫁さんがのぞくようになりました、お嫁さんは上の子どもを聾学校に連れて行ってますから、毎日通って、少し勉強してきたので、うちの子は耳が聞こえるのに言葉が出ない。〝さくらんぼ〟に連れて行ったら言葉が出るかなと思ったけれど、おじいちゃんが、「だめだ。軍隊のような集団なんかに入れることはない」と言う。集団といえば軍隊を思う。そういうところは、いいおじいちゃんですよ。「軍隊はだめだ。だから入れることない」と言うので、入れられなかったのです。でも私たちは、子どもが畑にいると、「おやつだからいらっしゃい」とか言って、一緒に食べさせたりしたのです。だんだん、地続きだから、自然入園のようになったんですけれども、アーアーアーと言ってますでしょう？　どうしてもおじいちゃんを説得しなければならない。夜、話し合いをするからいらっしゃいと言ったら、いかれないと言うんです。どうして？と聞いたら、おじいちゃんは、芝居の幕がパッとおりるみたいに「寝ろ！」と言うと家族みんな寝るんですって。九時というと、おじいちゃんが「寝ろ！」と言うそうです。私たちの懇談会はいつも夜の八時から十時、十一時までつづきます。朝もおじいちゃんが「起きろ！」と言うと、パッとみんな起きるんだそうです。エプロン一枚でも、おじいちゃんに買ってもらうというのです。

そこで私は、そのおじいちゃんに絶えず話しかけて、親しくなったんです。そうしたらおじいちゃんが、その孫をうちへ入れてもいいと言ってくれました。

二年二か月の保育でこの子どもは、やや普通に言葉を話すようになり、今では一家の頼りに育っています。そんなことから、この土地の地主が売ってもいいといってくれた時、耕作権を心よく放棄してくれましたので、〝さくらんぼ〟の敷地が一挙にひろがって、これが今日の土台になりました。これはほんの一例ですが、一軒一軒どの家庭だってはたからよさそうに見えても、何らかのなやみをかかえているものです。それを私たちは子どもを通して、心からの相談相手、理解者になり、子どもを育てる事で力になってきたので、今ではとても住みよい場所になってきました。一般の子どもにとっての環境問題は、胎児の環境も含めて、前にいろいろ書いていますのでここではふきます。

これからの保育

井尻――それでは「これからの保育」について。

斎藤――一応、国の政策上からいったら、最初に例を話しましたように、貧困対策にもっていこうとしていますから、臨調、行革と同じように、福祉事業に対して一〇％削減というのを昭和六十年度（一九八五年）からもち出しているんです。だから健康保険も、一〇％自己負担をふやしたと同じように、今まで措置責任八割、国が負担していたのを、七〇％台の負担にしてしまうわけです。

高度経済成長時代がすぎて、失業問題なども出てくると、婦人は家庭に帰ってほしいとか、パートに切りかわってほしいとか、企業側もいい出し、いろいろな労働対策とも合わせて、保育所の必要性というのが、一つ国側の重荷になってきたことと、もう一つは、どういうわけか、出生児が減少しています。人口が、横ばいとか、少し下がるという状態です。

そういうことも理由にしながら、保育所を、閉鎖・統合の方向にもっていっています。本当は保育所に入れたくても、保育料の自己負担分が年々高くなっていれられないというのが、どうも実情のようですが、それから人件費の問題が、公立の、自治体の労働者の場合、好景気のときには大手企業の賃金が上なので、それに追いつこう、追いつこうといって、一応、人事院勧告の線で、公務員の給与がどんどん上がっていくとか、自治体労働者の運動で上がっていったけれども、企業側が下がってきますと、公務員のほうが高い高いといって、誰がせんどうするのか市民側から攻撃が盛んにおこってきますね。それで重荷になってくるわけですね。退職金だ、そら、何だと。

歴史的なことを言うと、最初は給食関係者も、現業ということで賃金がすごく低かったんですけれども、給食の人たちが、一般と同じような賃金にと運動して、各自治体でだいぶ同じ高さになってきた。ところが、今度はずされる。給食は外へ発注するようにして、給食事業に携わっている人たちは、一般の給与体系からはずしていくように、どんどん切りかわっています。

それから、地方自治体への国庫の補助金を減らしていきまして、保育所は減らしていく。それで、新設をとどめると同時に、統廃合をすすめています。小学校の統廃合と同じようなものです。建物を建てかえてやるよという形で、二つを一つにするとか、三つを二つにするとかしまして、地域にどうしてもほしいというなら、民営でおやり。民間委託というのが、今はどんどん進んでいます。具体的に、埼玉県でもある町は進んでいます。

保育所というのは、高度経済成長をするときは、ワーッとふえていきます。もちろん、幼稚園も多くなったんですけれども、今、実際の数がやや下向きになっています。国の軍事費が上がると同時に、福祉への予算が下がっています。こういうところはどんどん削られてきますから、国の補助というのは、行く先は非常に心細い状態ですよ。

しかし、そこが、われわれ父母たちの自覚の問題でしょうね。うちのように、父母の経営参加の園では、子どもの教育内容も、「お願いします」「ハイ、お願いされます」という関係じゃなくて、一緒に父母も子どもの保育についても考えてゆくという関係です。戦後すぐのＰＴＡ思想です。戦後すぐの学校のＰＴＡは教師と父母が一体になって、プロジェクトを組んで、教育の問題を考えていく。予算も考えていくというシステムにしたところがありました。そういうところはこれからは苦しい中でも伸びますし、現に入園希望はふえています。

そういう自覚をもった父母たちとか先生たちが手を組む。そして、こういう行政の中ででも、子どものしあわせを守るために環境破壊と闘うとか、積極的に保育環境をつくっていくとか、あるいは、いろいろな文献を、いっしょに共同学習しながら、子どもの科学的な発達の順序を探るとか。軍事優先の政策をかえさせるまでの力を、大きくしなければと思っているのです。

さっきの環境の話に関連しますが、借金抱えてサラ金に追われるとか、蒸発とか、今はそういうのも多いんですよ。こういういろいろな問題に対しても、みんなが助け合うシステムをつくる。

私のところは、みんなで助け合っています。親たちも助け合いますし、職員が、そういう親たちの窮状をすぐに話し合って、応援してます。そうしますから、サラ金苦から逃れられる人も出てきてますし、子どもが逆境に陥るのを救い上げています。そして、子どもが非行に走るのを食い止める努力をしています。そういう状態が、自覚ある父母や、職員たちや、勉強にきた人たちに広がるとか、そういう学習が地域に広まる。逆に、補助金が減るなら自分たちで金出し合ってでもという人たちが、どんどん政治を変えていく力にもなっていくのでしょうね。非常に力強い、そういう父母たちの輪も広がっています。

ところが国は、そういう力を押さえる方向にいっている。今はちょうどそういう状況です。今、新規予算はつきません。人もふやせませんし、施設が老朽になれば統合する。こういう形で、公的機関はお先まっくらです。

大学なんかも、私立大学でちょっと不正があると、バーッとニュースにして、それで補助金を減らすという、あくどいやり方をしてます。今、税金の監査だってすごいですよ。サーッと行って、滞納がないかとしらべて、つぶしにかかっている。そういうふうにして、いろいろな私立の保育園とか幼稚園を、税務監査ということで圧迫していくという、ひどい権力的なやり方も各地で聞きます。

ですから、とくにゼロ歳からなんかとんでもないということで、乳児保育は切られる状況です。しかし、逆に、私のところのような共同保育所の精神を生かして、むしろ産休あけからの、神経系の発達のまだ可塑性が大きいときに、科学的な方法であるとか、いろいろな手だてをして、早期発見、早期治療をするのだから、ゼロ歳児保育にもっとみんなで取り組もうじゃないかとか、そういう運動が、少しずつ広がりつつあるという状態です。

だから私は、お先まっくらと思いません。

すばらしい人たちが、だんだん全国に広がりつつあると思っています。〝百年河清を待つ〟ではないけれども、私はもちろん日本をはじめ全世界の反核運動の高まりなどに希望をもちますね。

こういうことは自然に待っていてもふえませんから、私たちはふやしているわけです。宿泊研究集会をやったり、公開保育をやったり、職員や父母とも話し合いをもったり、本を広めたりしてます。

『さくらんぼ坊や』の映画は、今六本目を撮ってますけれども、このあいだ、共同映画社のニュースに、群馬大学の医学部が、今までの五本いっしょに買ったなんて出てました。とてもうれしくなりました。そういう意味で、子どもの未来に対して、相当おとなが関心を寄せてくれるようになりつつあると思うのです。現状ではだめだと思います。もっと自然科学と社会科学を学ぶ運動を広げたいと思っています。

まだ遅々たる歩みでしょうが、ミニ〝さくら・さくらんぼ〟というのが、ふえつつあります。父母の学習会が盛んになって、最近は、父親懇談会、父親の学習会も開かれて、お母さんだけじゃありません。

井尻――政府のほうの話だけ聞いていると暗いけれども、父母が一緒になると、まだ明るいですよ。

ちょっと例が違うけれども、野尻湖も、村の人と一緒になって、とうとう博物館ができました。

斎藤――だから私、うちの保育所づくりの運動と野尻湖発掘の運動は、非常に似ていると思いました。大ぜいが参加するという点でそれで、政府から、あまりお金こないでしょう？

井尻――大体が町費です。

斎藤――こういう施設だって、ほとんどみんなの力ですよ。

私に協力してくれる人たちが、あっちこっちにいて、そういう運動体が、自分で自立しながら、保育所づくり運動をして、民主的な保育所を大ぜいでつくり、その人たちが、ときどきここに学習にくるようになりました。それでまた元気だして帰って、そうした園の職員が、順に学習に来るようになったのです。これが宿泊研究集会です。先日も四泊五日の宿泊研究会をうけた人が、長い感想文をおくってこられたんですが、長いですがその感想文をよんでみます。

「斎藤公子先生へ

宿泊研修に参加させていただき、たいへんありがとうございました。参加して、斎藤先生に直接触れることができて、ほんとにありがたかったです。

帰りの新幹線の中で、先生のことをずっと思っていて、自分の一生涯の師となる人をみつけた思いでした。

十一月のはじめに、さくら・さくらんぼの障害児保育をよんだ時、ここには、何かがあると感じたそのほんの小さな心の動きで、参加したのですが、やはりその中心には、大きな偉大なものが立っていました。生まれてはじめて、自分の師となる人を得た思いで涙がでてきそうです。

たくさんの方々が、遠く四国や九州から先生のもとに集まってくるのは、実に当然だと思うし、自分もそうしたい思いです。

先生ほど子供のことを信じることができる人はどこにいるでしょうか。自分は子供と対等にと思っても、子供たちとほんのうわべでしかつきあえず、ほんとに信じて、いっしょにともに生活することができていませんでした。

もう先生と子どもと話す時の、あの表情の豊かさは、心の底から子どもを信じているからでてくる笑顔なのでしょうね。

そして先生ほど、人間も愛している方はいないと思いました。人間の尊厳とは何か、うやむやにされがちな現代においても人間とは何か、を知り人間のもつすばらしい力を知っている貴重な方だと思います。

私はそういう先生から何かを学びたい。「感性」ということばがよくでてきましたが、宿泊研の終わりになってようやく、もっと先生の感性というのを感じとりたいと思いました。そして感じとるためには、そんな5日間だけでは無理というのも感じました。

これから卒業までの4カ月間、できるかぎりの機会を通じて、先生に接したいと願っています。本もぜったい全部読みますが、先生をつかみとるためには、それだけじゃたらないのです。

先生に核のビデオをみせていただきました。先生は人間を愛するゆえに、その絶滅をもたらす可能性のある核についてを、私たちに提示してくれました。

宿泊研がおわるまで私は、小さいころから概念画しかかけない、世の中の矛盾を矛盾とも感じないおひとよしの人間でありました。本当に本当に人間である誇りをもっていたら人間を愛していたら核ということにもっと恐れをもたなかったか不思議になります。

こちらに帰ってきて、子供たちがさくらんぼの子供たちとは全くちがうのでびっくりしました。なにか子供どうしの競争の中でひしめきあっている子どもたち、子供たちの素直さゆえに大人にゆさぶられて、思うとおりに動かされている子供たち。この中で本当の人間が育つのでしょうか。

本当の人間を育てる先生の存在。これは今回のような宿泊研を通じて、少しずつでもひろがっていきます。私もぜひそのおてつだいがしたい……。」

全国の保育界から見たら、非常に小さい力かもしれません。これが広がっていくのに、これから何十年もかかると思います。ここにくるのに三十年かかってますから。あと二、三十年たつと、もうちょっと全国に広がるんじゃないですか。

井尻——どうもありがとうございました。

参考図書

＊1――『幼稚園教育九十年史』文部省編〈ひかりのくに昭和出版〉
＊2――『エミール』(1)ルソー　梅根悟＋勝田守一監修（世界教育学選集）〈明治図書〉
＊3――『日本資本主義発達史』野呂栄太郎著〈新日本出版社〉
＊4――『科学論』（新版上・下）井尻正二著〈大月書店〉
＊5――『ロバート・オーエンの教育思想』芝野庄太郎著〈御茶の水書房〉
＊6――『保育の歴史』浦辺史＋宍戸健夫＋村山祐一編〈青木書店〉
＊7――『ひとの先祖と子どものおいたち』（みんなの保育大学①）井尻正二著＋斎藤公子付言〈築地書館〉
＊8――『生まれる』レナート・ニルソン写真　松山栄吉訳〈講談社〉
＊9――『胎児からの警告』クリストファー・ノーウッド著　綿貫礼子＋河村宏訳〈新評論〉
＊10――『胎児からの子育て』（みんなの保育大学⑧）大島清著＋斎藤公子付言〈築地書館〉
＊11――『歯の健康と子どものからだ』（みんなの保育大学⑨）落合靖一著＋斎藤公子付言〈築地書館〉
＊12――『子育て』斎藤公子著〈労働旬報社〉

*13——『母乳は愛のメッセージ』山内逸郎著〈山陽新聞社〉
*14——『子どもストレス時代』（グリーンヘルスブックス）河合洋著〈グロビュー社〉
*15——『幼児教育と集団主義』（クルプスカヤ選集3）五十嵐顕＋直井久子＋小川富士枝訳〈明治図書〉
*16——『さくら・さくらんぼのリズムとうた』斎藤公子〈群羊社〉
『さくら・さくらんぼのリズムあそび』（資料）斎藤公子（さくら・さくらんぼ研究所編）
*17——『発達』（20・21号）〈ミネルヴァ書房〉
*18——『子どもはえがく』斎藤公子著〈青木書店〉
*19——『新生児の神経発達』内藤寿七郎監修＋栄島和子訳〈日本小児医事出版社〉
*20——『写真でみる乳児健診の神経学的チェック法』前田喜平著〈南山堂〉
*21——『こどもの発達とヒトの進化』（みんなの保育大学②）井尻正二著＋斎藤公子付言〈築地書館〉
*22——『行動の胎生学』アーノルド・ゲゼル著＋新井清三郎訳〈日本小児医事出版社〉
*23——『あすを拓く子ら』斎藤公子文＋川島浩写真〈あゆみ出版〉
*24——『ヒトが人間になる』（写真集）川島浩写真＋斎藤公子文〈太郎次郎社〉
*25——『倫理学』（柳田謙十郎著作集）〈創文社〉
*26——『斎藤喜博全集』〈国土社〉
*27——『教育の世紀』全十六巻、別巻一巻〈一光社〉
*28——『赤ちゃんのめざめ』ジャニーヌ・レヴィ著＋安藤忠監訳〈医歯薬出版〉
*29——『人間』（井尻正二選集5）井尻正二著〈大月書店〉
*30——『世界史』ソビエト科学アカデミー編　江口朴郎＋野原四郎＋林基監訳〈商工出版〉
*31——『足のはたらきと子どもの成長』（みんなの保育大学④）近藤四郎著＋斎藤公子付言〈築地書館〉
*32——『労働と人間』柳田謙十郎著〈学習の友社〉
*33——『自然・人間・保育』柳田謙十郎＋斎藤公子著〈あゆみ出版〉

＊34――『ヒトの直系』井尻正二著〈大月書店〉
＊35――『ヒトの解剖』（人と文明シリーズ①）井尻正二著〈築地書館〉
＊36――『人体の矛盾』（人と文明シリーズ②）井尻正二著〈築地書館〉
＊37――『文明のなかの未開』（人と文明シリーズ③）井尻正二著〈築地書館〉

あとがき

一九八四年の盛夏、気象台観測以来何番目かは記憶にないが、異常気象とも思われた暑さのなか、井尻正二先生は築地書館の土井社長以下めんめんをしたがえて私を強襲され、入退院を繰返していた私を、二日間、問い攻めされたのであった。

私の「保育論」などと、いわば大げさとも思われる題は出版社がつけたものである。私がつければ『真夏の昼《ひる》のいいたい放題保育論』としかいいようがなく、いってみれば井尻正二という超大物の科学者の、掌の上にのせられた孫悟空のようなものである。

井尻正二先生は「私はシロートですが」といわれるが、まことは大した教師である。私は上手にのせられて二日間しゃべりつづけてしまったのであった。先生は見事な鵜匠であり、私は鵜匠の糸にあやつられる鵜であり、鵜のみの如き内容をはき出させられた、といってもよい。

しかし、これは、日頃はげしい肉体労働で疲れ、書物は睡眠薬と化してしまう若い保育者や、幼い子どもを働きながら育てているおとうさんやおかあさんたちへの温かい配慮から、生物の進化もマンガでわかりやすく書かれる井尻正二先生のお気持に答えたもの、と専門家の方にはおゆるしを願う他はない。

私は今、寝正月をきめ込んで都内のある病院のベッドの上でこの一文を書いている。もちろん速記録もここで手をいれさせてもらった。文献も手許にはない。カーテンでしきった病室の一隅の一坪はまことに〝天上天下唯我独尊〟の世界で、私が本書に引用させていただいた偉大な先人について、くわしく研究されている方々にとっては、不遜の限りの文であることをおゆるし願いたい。

一九八五年一月のはじめ

斎藤公子

著者略歴――――斎藤公子（さいとうきみこ）

1920年、富山県富山市に生れる。両親の出身地である島根県隠岐を自分の出身地としている著書もある。1939年　東京女子高等師範学校保育実習科卒業。1956年〝さくら保育園〟創設。1967年農村部に季節保育所（現在のさくらんぼ保育園）創設。社会福祉法人さくら・さくらんぼ保育園代表園長、埼玉県保育問題研究会会長、新日本婦人の会埼玉県本部初代会長・顧問、労働者教育協会理事を歴任。2009年没。

著書に、『あすを拓く子ら』〈あゆみ出版〉『さくら・さくらんぼの障害児教育』〈青木書店〉『子育て』〈労働旬報社〉『ヒトが人間になる』〈太郎次郎社〉など

きき手略歴――――井尻正二（いじりしょうじ）

1913年生れ、北海道小樽市出身。1936年　東京大学理学部地質学科卒業　理学博士。1999年没。

おもな著書に『井尻正二選集』全10巻『科学論上、下』『ヒトの直系』〈大月書店〉『地球の歴史』『日本列島』『化石』〈岩波新書〉『独創の方法』〈玉川選書〉『化石のつぶやき正、続、続々』〈共立出版〉『地学入門』『ヘーゲル「精神現象学」に学ぶ』『ヘーゲル「大論理学」に学ぶ』『ヒトの解剖』『人体の矛盾』『文明のなかの未開』『古生物学汎論上、下』『銀の滴金の滴』『地球と生物との対話』『進化とはなにか』『日本列島ものがたり』『絶滅した日本の巨獣』（共著）〈築地書館〉、子どもの本に『野尻湖のぞう』〈福音館書店〉『ふしぎな地球』『マンモスをたずねて』〈筑摩書房〉『ぞうの花子』など絵本4冊、『足あとが語る人間の祖先』〈大阪書籍〉など多数

復刊にあたって

小社が斎藤公子先生と一緒に保育大学シリーズの刊行を始めた1979年（第1巻が井尻正二著『ひとの先祖と子どものおいたち』）以来、斎藤先生の肉声を鮮やかに表現した本書が刊行されて31年がたちました。このたびの復刊では、広木克行先生に巻頭言をいただき、明らかな誤字脱字以外、改訂をせず、川島環先生からご提供いただいた川島浩さんの写真を加え、装幀を一新しました。

「こどもは未熟であるがゆえに、未来は大きい」と園児にはおおらかに、保育者にはきびしく接していらした斎藤先生の保育実践を再び読者の皆様に届けられることをうれしく思います。

築地書館編集部

斎藤公子の保育論［新版］

1985年 2 月15日　初版発行
2016年12月28日　改訂版発行
2024年 7 月30日　改訂版4刷発行

著者　斎藤公子＋井尻正二
発行者　土井二郎
発行所　築地書館株式会社
東京都中央区築地7-4-4-201　〒104-0045
TEL 03-3542-3731　FAX 03-3541-5799
http://www.tsukiji-shokan.co.jp/
振替 00110-5-19057
印刷　シナノ印刷株式会社
写真提供　川島浩
装丁　中垣信夫＋三好誠

ISBN 978-4-8067-1531-3　C0037